일본 현지 노포 맛집 대백과

老舗

아이카와 도모키 지음
이혜윤 옮김

지은이 아이카와 도모키

블로그 '노포식당老舗食堂' 운영자. 도쿄에서 방문한 식당이 에도시대부터 이어져왔다는 사실에 깊은 감명을 받아 노포 탐방을 시작했다. 이후 6년 동안 일본 전역을 돌며 100년 이상 된 노포 식당을 3천여 곳 이상 방문했다. 아사히 신문사에서 노포 연재를 진행했고 후지TV에서 음식 프로그램을 기획 및 프로듀싱하기도 했다. 지리적 특성이 음식과 문화의 차이로 이어지는 것에 대해 관심을 갖고, 지금도 일본 곳곳의 노포를 기록하며 그 역사와 매력을 전하는 데 힘쓰고 있다.

옮긴이 이혜윤

한국외국어대학교에서 일본어를 전공했고 바른번역 글밥아카데미의 일본어 출판번역 과정을 수료했다. 옮긴 책으로는 《55부터는 시간관을 바꿔야 산다》《애써 말 걸지 않아도 대화가 끊이지 않는 법》《마음정리술》《주말에 만들어두는 다이어트 반찬 81》《하와이 24시》《편안하게 사는 작은 집 인테리어》《도대체 우리 아들은 왜 저럴까?》 등이 있다.

NIHON SHINISE SHOKUDOU TAIZEN
Copyright © TOMOKI AIKAWA, TATSUMI PUBLISHING CO.,LTD. 2025
All rights reserved.
Original Japanese edition published by TATSUMI PUBLISHING CO., LTD.
This Korean edition is published by arrangement with TATSUMI PUBLISHING CO., LTD., Tokyo through AMO AGENCY, Korea.
이 책의 한국어판 저작권은 AMO에이전시를 통해 저작권자와 독점 계약한 (주)출판사 클에 있습니다.
저작권법에 의해 한국 내에서 보호를 받는 저작물이므로 무단 전재와 무단 복제를 금합니다.

일본 현지 노포 맛집 대백과

1판 1쇄 펴냄 2025년 12월 2일

지은이   아이카와 도모키
옮긴이   이혜윤

펴낸이 김경태 | **편집** 조현주 홍경화 강가연
디자인 육일구디자인 / 박정영 김재현 | **마케팅** 정보경
펴낸곳 (주)출판사 클
출판등록 2012년 1월 5일 제311-2012-02호
주소 03385 서울시 은평구 연서로26길 25-6
전화 070-4176-4680 | **팩스** 02-354-4680 | **이메일** bookkl@bookkl.com

ISBN 979-11-94374-53-4 13590

잘못된 책은 바꾸어드립니다.

출판사 클의 책을 만나보세요.

차례

이 책을 읽기 전에 알아두어야 할 단어들 ······ 5
어서 오세요, '일본 현지 노포 맛집'의 세계로! ······ 6

1부 원조 발상지는 뭐가 달라도 다른 법!
명물 & 원조 맛집

스고 식당(아오모리) 10 · 일본식 레스토랑 쇼치쿠(이와테) 11 · 이세겐(도쿄) 12 · 요네큐 본점(도쿄) 14 · 오로지(도쿄) 16 · 교에이도(도쿄) 17 · 렌가테이(도쿄) 18 · 사쿠라나베 나카에(도쿄) 20 · 가와킨(도쿄) 22 · 이세히로 교바시 본점(도쿄) 24 · 요롯파켄 총본점(후쿠이) 27 · 오이와칸(도야마) 28 · 아지로테이(기후) 30 · 마쓰노야(아이치) 31 · 다코우메(오사카) 32 · 홋쿄쿠세이(오사카) 34 · 시골 양식 이세야 (히로시마) 37 · 중화요리 시카이로(나가사키) 38 · 쓰루찬(나가사키) 40 · 덴가쿠야(구마모토) 43 · 이마킨 식당(구마모토) 44 · 레스토랑 도요켄(오이타) 46

2부 현지인에게 오래도록 사랑받는 변함없는 맛집
대중식당 · 레스토랑

고토켄(홋카이도) 50 · 후지모리(홋카이도) 52 · 야지마 식당(군마) 54 · 레스토랑 아케보노(지바) 55 · 식당 나가노야(도쿄) 56 · 레스토랑 하토야(도쿄) 58 · 무사시야(도쿄) 59 · 양식 이리후네(도쿄) 60 · 키친 다이쇼켄(도쿄) 61 · 세키요켄(니가타) 62 · 레스토랑 지유켄(이시카와) 63 · 히노데스시 식당(아이치) 64 · 레스토랑 나카쓰켄(미에) 66 · 모리타 식당(히로시마) 68 · 가네토 식당(에히메) 69 · 가도야 식당(후쿠오카) 70 · 식당 이치라쿠(나가사키) 71

3부 지역마다 가게마다 다른 개성 있는 면 요리
우동·소바

지쿠로엔 아즈마야 총본점 (홋카이도) 78 · 소바 식당 아즈마야 (이와테) 80 · 노무라야 본점 (도치기) 82 · 고쿠야(사이타마) 84 · 도시마야(도쿄) 85 · 간다 야부소바(도쿄) 86 · 스나바 총본가(도쿄) 88 · 다카오산 다카하시야(도쿄) 90 · 미쓰이야(후쿠이) 91 · 마쓰바 본점(교토) 92 · 우사미테이 마쓰바야(오사카) 94 · 아즈마(오사카) 95 · 아라키야(시마네) 96 · 요코쿠라우동(가가와) 98 · 주오켄(사가) 99 · 기타큐슈에키벤토(플랫핏)(후쿠오카) 100 · 오모리우동(미야자키) 102 · 기시모토 식당(오키나와) 104

4부 역사도 깊고 맛도 깊은 손맛의 진수
중화요리·라멘

한조켄 본점(아키타) 112 · 만푸쿠 (도쿄) 114 · 중화·양식 야요이(도쿄) 116 · 일중우호 식당 혼모쿠타마야(가나가와) 118 · 교쿠센테이 (가나가와) 120 · 하루노이로 식당(도야마) 122 · 교토 중화 하마무라(교토) 124 · 다이칸 본점(효고) 126 · 무사시야 식당(돗토리) 128 · 후쿠신로(후쿠오카) 130

5부 노포의 자존심을 건 전통의 맛
스시·덴푸라·우나기

사사마키케누키스시 총본점 (도쿄) 136 · 요시노즈시 본점(도쿄) 138 · 우오야스(야마나시) 140 · 쓰루베스시 야스케(나라) 142 · 호타테 식당(이바라키) 144 · 가미나리몬 산사다(도쿄) 146 · 도레노이세야(도쿄) 148 · 야쓰메야 니시무라(도쿄) 150 · 마루요(아이치) 152 · 오사카야마 가네요 본점(시가) 154 · 와라지야(교토) 156 · 우에무라 우나기야(구마모토) 158

미니 특집 그 첫번째 노포 찻집 – 도쿄·오사카의 깃사텐 72
덴키야 홀 / 다카세 이케부쿠로 본점 / 히라오카 커피점 / 제로쿠 혼마치점

미니 특집 그 두번째 백년 주점 – 지역에 뿌리내린 노포 106
야마리키 / 도키와기 / 민예찻집 신스이

미니 특집 그 세번째 포장 전문 노포 맛집 – 집에서 즐기는 백년의 맛 132
이즈헤이 / 로쇼키

맺음말 ·· 160
노포 맛집 리스트 ··· 162

이 책을 읽기 전에 알아두어야 할 단어들

노포 맛집의 시대적 배경

에도시대江戶時代
1603-1868년. 도쿠가와 막부가 성립되어 도시문화가 발달했고, 스시, 덴푸라, 소바 등 오늘날 일본 요리의 원형이 탄생했다.

메이지시대明治時代
1868-1912년. 메이지 유신을 통해 근대화와 서양화가 급속화됐다. 육식 문화가 확산되었고, 경양식 요리가 유입되었다.

다이쇼 시대大正時代
1912-1926년. 자유롭고 세련된 도시문화의 전성기로 커피, 깃사텐, 주카소바 등이 대중화되었다. 서민이 즐겨 찾는 '대중식당'이 급증했다.

쇼와시대昭和時代
1926-1989년. 제2차 세계대전 참전과 패전을 겪었고, 고도 경제 성장을 거쳤다. 노포들 또한 전쟁 후 힘든 시기를 버텨냈으며, 국민의 식문화가 다양해지기 시작했다.

깃사(텐)喫茶(店)
커피, 차, 등의 음료와 함께 가벼운 식사를 제공하는 레트로풍 찻집이다.

주카소바中華そば
'라멘'이라는 이름이 보편화되기 전인 다이쇼시대, 쇼와시대 초기에 사용되던 명칭이다. 주로 맑은 쇼유(간장) 베이스 국물이며, '주카'는 한자로 중화를 뜻한다. 현재에도 '주카소바'라는 이름을 사용하는 곳은 대부분 전통적이고 클래식한 라멘을 제공한다.

덴푸라天ぷら
밀가루와 달걀로 튀김옷을 입혀 튀긴 요리. 양념을 미리 해둔 재료에 밀가루나 전분을 살짝 묻혀서 튀기면 '가라아게唐揚げ', 빵가루를 쓰면 '프라이'라고 한다. 음식 이름 앞에 '덴/텐天'이라는 말이 있으면 덴푸라가 들어 있음을 뜻한다.

미소味噌
일본 된장 한국 된장과 달리 콩에 누룩을 섞어 만든다. 밝은 색의 달달한 시로미소白味噌, 진한 맛의 적갈색 아카미소赤味噌 등이 있다.

차한チャーハン
일본식 중식당에서 나오는 볶음밥. 한자로 쓰면 妙飯인데, 이것은 '볶음밥'을 뜻하는 중국어 '차오판'의 표기이다.

○○돈丼
'돈부리丼ぶり'의 줄임말로 밥 위에 다양한 재료를 얹어내는 덮밥을 뜻한다. '덴돈天丼(튀김 덮밥, 한국에서는 흔히 '텐동'으로 표기)' '가쓰돈かつ丼(돈가스 덮밥)'처럼 재료명 뒤에 붙여 사용한다.

어서 오세요, '일본 현지

일본은 세계에서 가장 '노포老舖'가 많은 나라다. 창업 100년이 넘은 기업이 전국에 4만 군데 이상이고, 그중 몇십 퍼센트가 음식점이다. 이렇게나 많은 '노포 식당'이 있는데도 우리가 애서 찾지 않으면 무심코 지나쳐버리기 십상이다. 참으로 안타까운 일이다.

노포 식당을 방문하는 데에는 여러 가지 이유가 있다. 오랜 세월에 걸쳐 계승된 확고한 맛을 음미할 수 있다는 것. 그뿐만 아니라 식당과 요리를 통해서 그 지역 특유의 문화와 역사에 주목하는 계기가 된다는 점이다. 관심을 가지고 배경을 되짚어가다 보면 그 지역이 어떻게 형성되어왔는지, 그 요리가 어쩌다 이곳에 뿌리를 내렸는지 등 다채로운 이야기가 모습을 드러낸다.

이 책에서는 창업 100년이 넘는 노포를 중심으로 여러 지역에서 오랫동안 사랑받은 식당들을 다룬다. 각 음식점에서 꼭 먹어봐야 하는 명물 요리와 함께 가게의 간략한 역사까지 소개한다. 이 책을 계기로 여러 식당과 마을에 친근한 호감을 느껴 보기를 바란다.

1부는 그 지역만의 명물이나 그 메뉴의 기원이 된 식당을 안내한다. 널리 알려진 요리의 원조를 시작으로 '지역 밀착형 맛'도 대거 등장한다.

노포 맛집'의 세계로!

    2부는 지역에 뿌리를 내려온 대중식당과 레스토랑을 소개한다. 평범한 일상 속 식사로든 특별한 날 기억에 남을 만한 식사로든 언제나 잘 어울리는, 그 지역의 분위기가 물씬 풍기는 식당을 모았다.

    3부는 우동과 소바 명소를 소개한다. 역사 깊은 노포부터 지역 주민의 입맛을 사로잡은 가게까지, 일본 각지의 면 문화가 얼마나 폭넓은지 느낄 수 있을 것이다.

    4부는 중화요리와 라멘 노포 특집이다. 지역에 터를 잡고 오랫동안 개성을 쌓아온 맛들로 빼곡하다.

    5부는 장어, 스시, 덴푸라 명소를 소개한다. 에도시대부터 서민들에게 사랑받아온 요리에도 지역의 특색이 살아 있다는 점은 오직 노포에서만 느낄 수 있는 매력이다.

    더불어 미니 특집으로 깃사텐, 주점, 포장 전문 노포도 다루었다. 다양한 형태로 각 지역에서 사랑받는 가게들의 모습을 엿볼 수 있을 것이다.

    이 책을 통해서 노포 맛집에 호감을 가지고 어떤 도시에 찾아가보고 싶다는 생각이 든다면 무척 기쁠 따름이다. 그곳에서 일본이라는 나라의 깊이를 틀림없이 발견하게 될 것이다.

1부 원조 발상지는 뭐가 달라도 다른 법!
명물 & 원조 맛집

'돈가스 카레' '규나베' '소스 가쓰돈' 등 지금은 어디서나 쉽게 접하는 메뉴가 된 명물 요리에는 반드시 발상지가 따로 있기 마련이다. 그 맛을 최초로 구현해낸 원조 맛집도 존재한다. 지역 사회에 뿌리내리고 연구를 거듭하며 전통을 이어온 맛 속에는 노포만의 스토리가 살아 숨 쉰다. 전국 각지에서 원조의 맛을 지켜나가고 있는 노포들을 만나보자.

 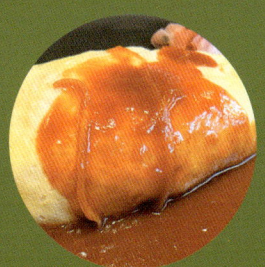 

우스터소스로 볶은 야키소바에 니보시 등으로 우린 육수를 부은 '구로이시 쓰유야키소바'. 겉보기와 달리 부드러운 맛이 특징이다.

since 1912 아오모리
스고 식당 すごう食堂
스고쇼쿠도
青森県石市一番町 20

쓰가루 지역의 백년 식당 | 명물 메뉴 '쓰유야키소바'

고난철도弘南鉄道 고난선弘南線의 종점인 구로이시黒石역에서 도보로 약 3분 걸리는 곳에 1912년 창업한 스고 식당이 있다. 개업 당시에는 후나키 사다키치 씨가 '후나키 식당船木食堂'으로 개업한 집이다. 이후 스고 씨가 가게를 이어받아 식당 이름을 바꾸었다. 역사와 전통을 자랑하는 이곳은 '쓰가루津軽의 백년 식당'으로도 인정받았으며, 지금도 개업 당시의 흔적이 남아 있는 건물에서 여전히 영업 중이다.

명물인 '구로이시 쓰유야키소바黒石つゆ焼きそば'는 두툼넙적한 면에 야키보시(잔 생선을 구웠다가 말린 것)와 니보시(잔 생선을 쪘다가 말린 것), 가쓰오부시를 우린 진한 육수를 듬뿍 끼얹어주는 요리다. 1950년대에 라멘과 헷갈려서 쓰유를 소바에 부은 것이 기원이라는 등 여러 가지 설이 있는데, 지금은 지역 사회에서 오래 사랑받는 명물 요리가 되었다.

육수와 함께 단맛을 더한 특제 소스가 포인트. 놀랄 만큼 야들야들한 돈가스와 환상의 궁합을 자랑하여 이치노세키를 대표하는 명물 요리가 되었다.

since 1920 〔이와테〕
일본식 레스토랑 쇼치쿠 和風レストラン 松竹
와후레스토랑 쇼치쿠
岩手県一関市上大槻街 2-1

다이쇼시대에 문을 연 명물 역전 식당 | 마음까지 훈훈해지는 '소스맛 가쓰돈'

    1920년에 창업한 일본식 레스토랑 쇼치쿠는 JR 이치노세키一ノ関역 앞에 터를 잡은 역전 식당이다. 개업 당시부터 이어져 온 전통 '소스맛 가쓰돈'이 대표적이다. 메뉴판에는 심플하게 '가쓰돈かつ丼'이라고만 적혀 있지만, 고기를 등심과 안심 중에서 고를 수 있고 개수도 조절 가능한 개인 맞춤형 주문 방식이다. 육수를 묽게 탄 소스에 단맛을 더하여 풍미가 부드럽고 돈가스의 육질은 놀랄 만큼 야들야들하다.

    장어 또한 이 가게의 간판 메뉴 중 하나다. 그 밖에 '덴돈(텐동)' '오야코동(닭고기 달걀덮밥)' '하야시라이스' '카레라이스' 등 메뉴 선택의 폭이 넓고 주류도 갖추고 있어서 점심으로나 저녁으로나 적격이다. 지역 주민들이 끊임없이 찾아오는 동네 맛집이다.

안키모의 쫀득한 식감과 고급스러운 아귓살의 맛이 절묘한 조화를 이룬다. 도쿄에서 유일하게 본격적인 아귀나베를 맛볼 수 있는 노포 전문점.

since **1830** 도쿄

이세겐 いせ源
東京都千代田区神田須田町 1-11-1

도쿄에서 하나뿐인 아귀 전문점 | 유서 깊은 건축물에서 요리를 맛보다

　JR 간다神田역에서 도보 약 5분, 지요다구 간다스다초에 자리한 이세겐은 1830년에 문을 열었다. 도쿄에서 유일한 아귀 요리 전문점으로 알려진 이곳은 개업 당시에는 지금의 교바시산초메京橋3丁目 부근에서 미꾸라지 요리 전문점 이세쇼いせ庄로 장사를 시작했다. 이후 2대 사장인 겐시로 씨가 운영할 때 스다초로 이전했고, 상호명도 이세쇼의 '이세'와 겐시로의 '겐'을 합쳐 이세겐으로 변경했다. 당초에는 미꾸라지 요리만 있었지만 시간이 지나면서 다양한 나베 요리를 팔게 되었고, 그중에서 유독 '아귀 나베あんこう鍋'가 인기가 많았다. 그래서 4대째부터는 아귀 요리 전문점의 길을 걷기로 했다.

　간토 대지진으로 가게가 전소했으나 1930년에 재건한 지금의 건물은 도쿄도가 선정한 역사적 건축물이 되었다. 가게 앞에는 실물 아귀가 장식되어 있으며, 2층의 넓은 좌식 공간에는 테

명물 & 원조 맛집 이세겐

간토 대지진 이후 재건된 가게는 운 좋게 전쟁 공습 피해를 입지 않은 귀중한 건축물이다. 유서 깊은 노포 요릿집에서만 느낄 수 있는 고풍스러운 모습이 인상적이다. (왼쪽) 가게 앞에 장식된 아귀 실물.

아귀의 감칠맛이 듬뿍! 환상적인 오지야의 맛

(오른쪽 아래) 아귀 난소를 육수로 익혀 굳힌 니코고리. (아래) 아귀 중심부의 질 좋은 흰살을 튀긴 가라아게.

이블마다 나베 가열용 화로가 설치되어 있다. 명물 '아귀 나베'는 안키모あん肝(아귀 간)의 쫀득한 식감과 고급스러운 아귓살 맛이 절묘한 조화를 이루어 아귀의 매력에 새삼 푹 빠지게 되는 요리다.

'아귀 나베'는 단품으로도 코스로도 주문 가능하며, 코스에서는 니코고리煮こごり(생선살을 국물과 함께 굳힌 것), 안키모, 아귀 가라아게 등 아귀로 가득한 풀코스를 음미할 수 있다. 나베를 먹고 나면 제공되는 오지야(죽)는 아귀의 감칠맛이 듬뿍 녹아 있는 육수에 달걀과 파를 더해 한층 풍부한 맛을 즐길 수 있다.

역사적인 간다스다초 거리에서 겨울의 맛을 묵묵히 지켜온 노포 요릿집 이세겐은 시간이 지날수록 더 많은 미식가들에게 사랑받고 있다.

요네큐에서는 '스키야키'라 하지 않고 옛날부터 간토 지방에서 부르던 방식대로 '규나베'라는 이름으로 팔고 있다. '규나베'는 메이지시대에 고안된 메뉴다.

since 1886 도쿄
요네큐 본점 米久本店
요네큐혼텐
東京都台東区浅草 2-17-10

문명 개화의 맛과 전통을 지키다 | 아사쿠사에서 사랑받는 '규나베' 전문점

아사쿠사浅草 센소지浅草寺 근처, 옛 마을 정취로 가득한 아사쿠사히사고도리浅草ひさ通り 상점가에 자리 잡은 요네큐 본점은 1886년에 창업한 '규나베牛鍋(소고기전골)' 전문점이다. 문명 개화기에 서양으로부터 소고기를 먹는 문화가 전파되었을 때, 육식에 익숙하지 않던 일본인들을 위해 탄생한 요리가 바로 '규나베'다. 그 전통의 맛을 지금도 변함없이 제공하는 노포로 알려진 곳이 요네큐 본점이다.

예스러운 미닫이문과 제등, 노렌(일본 가게나 건물 출입구에 거는 천, 포렴)이 특징인 이 가게는 일본의 옛 시절 멋을 담아 품격 있고 아름다운 모습을 자랑한다. 방문 시에는 인원수만큼 북소리가 울리며, 신발 관리인이 신발을 보관해주는 등 옛 풍습을 여전히 유지하고 있다.

내부는 전통적인 일본식 가옥 구조로 나선형 계단을 통해 2층으로 이어진다. 1층과 2층 모두

명물 & 원조 맛집 요네큐 본점

쇼케이스를 가득 채운 고기들 깔끔하게 진열된 모습!

가게 옆 쇼케이스에는 큼직한 접시에 올라간 소고기 샘플과 메뉴판이 진열되어 지나다니는 행인들을 '규나베'의 세상으로 유혹한다.

실내에 설치된 나선 계단을 통해 2층으로 올라갈 수 있다. 객실 안에는 중정도 마련되어 일본의 정취가 느껴진다.

'규나베'는 '상'과 '특' 두 종류로 나누어 판매한다. 두 가지 모두 소고기, 채소, 달걀이 세트로 제공된다.

공간이 여유롭고 고풍스러운 분위기에서 식사를 즐길 수 있어, 아사쿠사에 방문한 국내외 관광객에게도 인기를 얻고 있다.

메뉴는 단 두 가지로 '규나베'를 '상'과 '특(도쿠)' 중에서 선택할 수 있다. '특'은 특상품을 뜻하며 좀 더 질 좋은 고기 맛을 즐길 수 있다. 아담한 크기의 나베에 전골용으로 썬 채소와 소고기를 넣은 후 그 위에 간장 양념을 부어 끓이는 셀프서비스 방식이다. 식당에서는 "고기는 너무 익히지 말고 붉은 기가 조금 남아 있을 때가 가장 맛있다"라고 말한다. 고기를 달걀물에 적셔 한입 먹으면, 메이지시대부터 이어져 내려오는 맛이 입안 가득 퍼진다. 쑥갓의 쌉싸래함은 소고기의 감칠맛을 살려 젓가락이 멈추지 않는다. 연못이 딸린 중정을 바라보며 조용히 식사를 즐길 수 있는 공간, 요리뿐만 아니라 분위기까지 어우러진 이곳에는 특별하고 고급스러운 시간이 흐른다.

돈가스 카레의 원조라고 일컬어지기도 하는 '돈돈'. 돈가스에 특제 카레와 소스를 끼얹어준다. 받침 접시와 덮밥 그릇이 일체형인, 이곳에서만 볼 수 있는 용기에 담아 낸다.

since **1921** 도쿄

오로지 王ろじ
東京都新宿区新宿 3-17-21

추억의 식당 풍경

전쟁으로 가구라자카(神楽坂)에 있던 가게가 소실되었다. 전쟁이 끝난 후 머지않아 지금의 자리에 재건했다.

신주쿠 골목에 자리한 명소 | 유일무이한 명물 '돈돈'

　1921년 창업한 돈가스 전문 노포 오로지는 지하철 신주쿠산초메(新宿三丁目)역에서 꽤나 가까운 골목에 자리해 있다. 뒷골목이라는 입지 때문에 '골목의 왕(王)'이라는 뜻을 담아 가게 이름을 지었다.

　명물인 '돈돈(とん丼)'은 겉보기에 돈가스 카레와 비슷하지만 조리법이 독특하다. 얇게 저민 고기를 여러 겹으로 말아서 튀긴, 큼직한 돈가스를 밥 위에 얹고, 그 위에 달콤 짭짤한 카레를 올린다. 돈가스와 소스의 궁합이 절묘하여 순식간에 한 그릇을 해치우게 될 만큼 맛이 좋다.

　목조 건물에는 개업 당시의 정취가 짙게 남아 있으며, 예스러운 분위기가 물씬 풍기는 인테리어 또한 매력적인 곳이다.

새우 내장과 껍질을 푹 끓인 '새우 수마트라 카레'. 새우 본연의 맛 이상의 깊은 풍미가 느껴지는 메뉴.

명물 & 원조 맛집

오로지 | 교에이도

since 1924 도쿄

교에이도 共栄堂
東京都千代田区神田神保町 1-6

수마트라의 이름을 걸다 | 고서점 거리의 블랙 카레

일본에서 가장 유명한 헌책방 거리인 간다진보초에 1924년 교에이도가 터를 잡았다. 전신인 '카페난코쿠カフェー南國'로부터 전수받은 레시피를 토대로 '수마트라 카레スマトラカレー'라는 메뉴를 내걸고 영업해왔다. 카레의 거리 진보초를 대표하는 노포 맛집이라 할 수 있다. '수마트라 카레'는 향신료의 풍미와 은은한 불 향이 주는 구수함이 특징이다. 이곳에서만 맛볼 수 있는 독창적인 메뉴다. 카레 종류는 돼지고기, 소고기, 치킨, 새우, 우설(소의 혀)까지 총 다섯 가지로 나뉜다. 베이스인 카레 소스는 동일하지만, 주재료마다 조리 방법을 달리하여 메뉴마다 다른 개성을 이끌어낸다. 대기 줄이 끊이지 않는 인기 식당임에도 주문한 음식이 빠르게 제공된다. 줄이 길다고 해서 망설이지 말고 꼭 이곳의 맛을 직접 확인해보기 바란다.

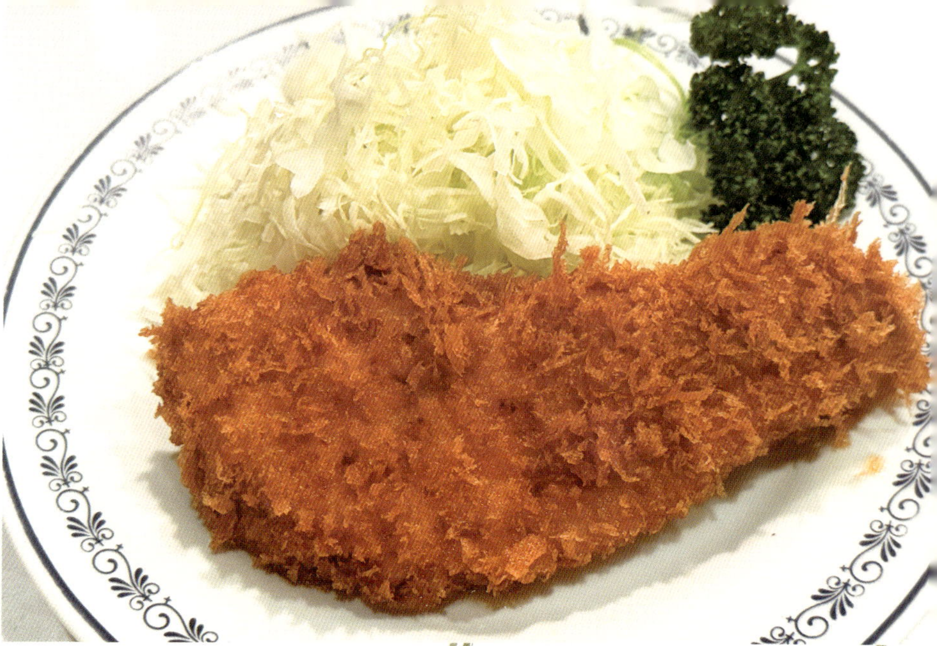

'원조 포크커틀릿'은 포크와 나이프로 잘라 우스터소스와 겨자를 취향대로 찍어 먹는다. 양배추를 곁들이는 것도 렌가테이가 원조다.

since 1895 도쿄

렌가테이 煉瓦亭

東京都中央区銀座 3-5-16

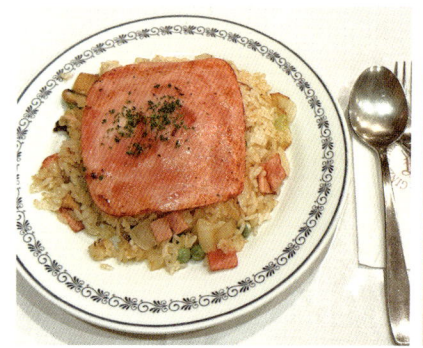

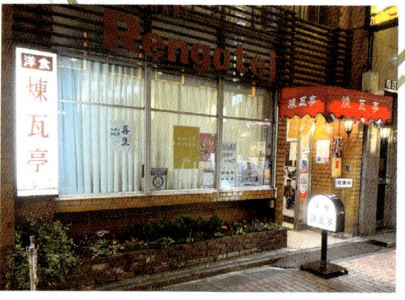

벽돌의 거리에서 개업한 명소 | 긴자에 살아 숨 쉬는 양식의 원점

긴자銀座역에서 도보 3분, 일본에서 제일가는 번화가 긴자의 중심부에 위치한 렌가테이는 1895년 창업한 노포 양식당이다. 가게 이름은 메이지시대의 대화재 이후에 방화 대책으로 건축된 긴자 벽돌(렌가) 거리에서 유래했다. 현재의 건물은 벽돌로 지어지지 않았으나, 곳곳에 벽돌이 활용되어 긴자의 옛 정취를 지금까지 전해준다.

초대 사장인 기다 모토지로 씨가 프랑스 요리 전문점으로 문을 연 이곳은 당시 긴자에 인접한 쓰키지築地에 외국인 거류지가 있어, 주로 외국인을 대상으로 서양 요리를 제공했다. 그러나 거류지 철폐 후에는 일본인 손님이 늘어 일본인의 입맛에 맞게 요리도 변화했다. 서양식 요릿집은 '양식당洋食屋(요소쿠야)'이라는 형태로 자리 잡았고, 렌가테이는 그 선두주자로서 양식당 1호점이라는 명함을 내밀 수 있게 되었다.

간판 메뉴인 '메이지 탄생 오므라이스'. 구름처럼 부드러운 달걀과 케첩 라이스가 절묘하게 조화를 이루어 숙련된 기술이 빛나는 맛.

전쟁 이전에 옛 가게 앞에서 찍은 사진. 간판에는 '긴자 명물'이라고 적혀 있다.

이 식당을 대표하는 명물 중 하나는 프랑스 요리에 일본적 요소를 접목하고 덴푸라 조리 기법을 응용하여 고안한 '원조 포크커틀릿元祖ポークカツレツ'이다. 포크와 나이프로 잘라 먹는 스타일로, 질 좋은 돼지 지방의 감칠맛과 짭조름한 특제 소스 맛이 서양 요리가 아닌 '일본식 양식'임을 보여준다. 또 다른 간판 메뉴 '오므라이스オムライス'는 두 가지 종류로 준비되어 있다. '라이스 오믈렛(원조 오므라이스)'은 직원용 점심 메뉴에서 유래했으며, 오늘날 오므라이스의 원형이라고 할 수 있는 존재다.

한편 '메이지 탄생明治誕生 오므라이스'는 케첩라이스를 얇게 부친 달걀로 감싸서 만든다. 널리 유행하는 현대식 스타일이다. 기회가 된다면 두 가지를 함께 맛보면서 일본식 서양 요리의 다양한 세계를 경험하는 것도 흥미로울 것이다.

에도아마미소를 베이스로 한 국물로 재료를 푹 익히는 전통 요리 '사쿠라나베'. 아마미소의 부드러운 맛이 말고기의 감칠맛을 돋보이게 하는 일품 요리다.

since 1905 도쿄
사쿠라나베 나카에 桜なべ 中江
東京都台東区日本堤 1-9-2

에도아마미소와 말고기의 조합 | 보기 드문 도쿄의 향토음식점

요시와라오몬吉原大門 근처 다이토구 니혼즈쓰미 지역에 위치한 사쿠라나베 나카에는 1905년 창업한 말고기 요리 전문점이다. 문호 개방으로 서양 문화가 유입되던 시절, 몸보신에 좋다던 말고기를 맛있게 먹기 위해 고안한 요리가 '사쿠라나베桜なべ(벚꽃전골)'이며, 이곳은 그 전통의 맛을 변함없이 이어오고 있다. 지금의 매장은 간토 대지진 이듬해인 1924년에 재건된 목조 건물로 일본 유형문화재로도 지정되어 있다. 차분한 분위기의 실내에는 총 2층 규모의 객실이 있고, 2층에는 소나무, 대나무, 매화, 벚꽃을 모티브로 한 아름다운 장식이 곳곳에 배치되어 있다.

요리에 쓰이는 말고기는 후쿠오카 구루메久留米에 있는 농장과 계약하여 5~7년간 정성껏 사육한 말의 고기를 냉동하지 않은 상태로 제공받는다. 간판 메뉴인 '사쿠라나베'는 창업주가 고

간토 대지진 이듬해에 재건되어 전쟁 피해를 입지 않은 귀중한 목조 건물. 인접한 도테노이세야(146쪽)와 함께 두 가게가 나란히 유형문화재로 지정되었다.

'사쿠라나베'를 다 먹었다면 후식으로 달걀덮밥을 맛보자. 달걀을 나베에 넣어 적당히 익힌 후 건져 밥 위에 얹어 먹으면 된다.

최상급 말고기를 쓴 '우마사시'. 생으로 먹으니 더 특별한 맛!

'사쿠라나베' 외에도 '우마사시馬刺し(말고기를 넙적하게 뜬 회)' '스테이크' '육회' '말고기 스시' 등 다양한 요리로 말고기의 매력을 만끽할 수 있다.

안한 대로 에도아마미소江戸甘味噌(달고 슴슴한 일본식 된장)를 사용해 전통 방식으로 만든다. 고기 밑에 미소를 깔아두는 독특한 조리법이 특징이다. 고기 색이 바뀌자마자 바로 먹어야 가장 맛있다고 하며, 익은 고기를 달걀물에 적셔 먹으면 부드러운 식감과 깊은 감칠맛이 입안을 가득 채운다. 채소와 말고기의 절묘한 조화가 이끌어내는 풍성한 맛을 충분히 음미할 수 있는 일품 요리다.

나베를 다 먹고 나면 '아토고한あとご飯'이라 불리는 달걀덮밥을 먹을 수 있다. 달콤 짭짤한 미소와 달걀이 한데 섞인 진한 국물을 흰 쌀밥에 얹어 먹는 풍족함은 다른 곳에서는 느낄 수 없는, 이곳만의 깊은 풍미를 선사한다. '도테노케토바시야土手の蹴飛ばし屋(제방의 말고깃집)'라는 별명으로 불리며, 요시와라 유곽의 역사와 함께 걸어온 이 식당은 지금도 많은 이들에게 꾸준히 사랑받는 도쿄 향토음식점이다.

양식 노점으로 영업하던 다이쇼시대에 탄생한 '가와킨돈'은 돈가스 카레의 원조라고도 불린다. 사진은 '가와킨돈' 로스가스 주.

since **1918** 도쿄

가와킨 河金

東京都台東区浅草 5-16-11

원조 돈가스 카레 '가와킨돈' | 역사가 자아내는 맛을 즐기다

쓰쿠바익스프레스(수도권 신도심 철도) 아사쿠사浅草역 도보권 내에는 1918년 개업한 가와킨이 있다. 가와킨 본점河金本店(가와킨혼텐)의 역사를 물려받은 이 가게는 고노 긴타로 씨가 포장마차屋台(야타이)로 차린 곳으로, 가게 이름은 창업주의 이름에서 따왔다. 일본 최초의 양식 포장마차로 유명한 가와킨은 카레라이스와 돈가스를 10전錢에 팔다가, 한 손님의 요청으로 이들을 합친 '가와킨돈河金丼'을 탄생시켜 20전에 판매했다고 한다. 이 '가와킨돈'을 돈가스 카레의 원조라고 하는 사람들도 많다.

포장마차로 인기를 얻은 가와킨은 쇼와시대 초기에 동양 최대 규모라 불린 마쓰다케가극단의 본거지 아사쿠사국제극장 옆에 가와킨식당河金食堂(가와킨쇼쿠도)으로 재개장했다. 이때 '영양이 부족한 사람들에게 큼지막한 돈가스를 먹이고 싶다'는 마음에서 375g이나 되는 '햐쿠몬

명물 & 원조 맛집 가와킨

(위) '가와킨돈'은 나미(일반), 히레가스 주, 로스가스 주까지 총 세 가지가 있다. 나미는 돈부리에 담아준다. (오른쪽) '햐쿠몬메 돈가스'도 명물.

가와킨 History

(왼쪽) 전쟁 이후 아사쿠사에 재건한 가와킨 본점. 배달 주문이 많아 가게 앞에는 오카모치岡持(요리 배달용 상자) 여러 개가 늘어서 있었다. (가운데) 다이쇼시대의 양식 포장마차 가와킨. (오른쪽) 돈가스를 튀기고 있는 2대 사장 고노 기요미 씨.

메百匁돈가스('몬메'는 무게 단위를 뜻하는 '근'으로, 햐쿠몬메는 100근')를 팔았다. 이 시절 단골이던 에이로쿠스케(일본의 작사가) 씨는 척관법(길이와 무게를 재는 단위를 척, 관 등 옛날식 단위로 사용하는 것) 폐지에 반대하면서 '햐쿠몬메 돈가스'를 적극적으로 밀어주었다는 에피소드가 남아 있다.

가와킨 본점은 아사쿠사의 재개발 때문에 1987년에 매장을 닫았지만, 창업주의 손자인 고노 겐지 씨가 센조쿠 지역에 새로 연 가게에서 지금도 그 맛을 지켜오는 중이다. '가와킨돈'은 밥 위에 양배추를 깔고 그 위에 돈가스와 카레를 듬뿍 얹은 요리로, 돈井(돈부리, 원형 덮밥 그릇) 또는 주重(주바코, 사각형 덮밥 그릇)에 담아 제공된다. 카레는 옛날 레시피대로 걸쭉하고 단맛이 나며, 하룻밤 이상 숙성시켜 깊은 맛을 낸다. 무게를 몬메 단위로 재는 돈가스도 건재해, 50~150몬메까지 원하는 크기를 고를 수 있다.

(위) 닭고기를 본뜬 인상적인 로고. (오른쪽) 런치 메뉴인 '야키토리돈'은 3~5개 중에서 꼬치의 개수를 고를 수 있다. 사진 속 '야키토리돈'은 꼬치 5개.

since 1921 도쿄
이세히로 교바시 본점 伊勢廣 京橋本店
이세히로 교바시혼텐
東京都中央区京橋 1-4-9

도심에서 맛보는 전통 야키토리 | 100년의 기술이 살아 있는 명소

 도쿄도 주오구에 있어 입지가 좋은 이세히로 교바시 본점은 1921년에 개업한 야키토리焼鳥 전문점이다. 도심 상업지구에 위치해 있으면서 한 세기에 걸쳐 전통 기술을 쭉 지키며 많은 식도락가에게 사랑받아온 명소로 유명하다. 개업 당시 이세히로는 닭고기 판매점이었는데, 단골손님에게 서비스로 야키토리를 제공하던 것이 식당으로서의 출발점이었다.

 2020년에 리뉴얼 오픈한 지금의 매장은 연기가 객석까지 풍기지 않는 신식 설비를 갖추는 한편, 옛 매장으로부터 물려받은 물건을 곳곳에 배치하여 100년이 넘는 역사를 실감하게 한다. 실내는 니기와이賑わい(북적거림), 구쓰로기寛ぎ(안락함), 하레ハレ(특별함)라는 이름으로 각각 분위기가 다른 세 가지 공간으로 구성되어 있으며, 1층부터 3층에 걸쳐 카운터석, 테이블석, 반

명물 & 원조 맛집

이세히로 교바시 본점

신선한 통닭을 손질해 꼬치에 꿴 후 구워서 제공한다. 가장 맛있는 야키토리를 위해 숙련된 장인이 최고급 비장탄으로 닭고기를 정성껏 구워낸다.

전통 야키토리와 현대적인 시설
아늑한 공간과 명물 꼬치

교바시의 대규모 재개발 때문에 2020년에 구 매장 건너편으로 이전해 리뉴얼 오픈했다.

개별실이 자리한다. 3층 사지키석桟敷席(판자를 깔아 높게 만든 자리)에는 조리 공간이 내려다보이는 자리도 있어 숙련된 장인이 숯불에 고기 굽는 장면을 바라보며 야키토리를 먹을 수 있다.

런치타임에는 '야키토리 정식'과 '야키토리동' 두 가지 메뉴를 제공한다. 각각 야키토리의 개수를 고를 수 있어 식욕이나 기분에 따라 유연하게 주문할 수 있는 것이 장점이다. 저녁 시간대의 간판 메뉴는 닭 한 마리를 통째로 맛볼 수 있는 '야키토리 풀코스'. 안심부터 닭날개까지 총 열두 가지를 차례차례 제공한다. '단고'라 불리는 쓰쿠네(일본식 고기완자 꼬치)는 모든 코스에 포함되어 있을 만큼 인기 있는 꼬치다. 여러 부위의 고기를 햄프시드와 소금만으로 간한 뒤 구워서 재료 본연의 간결한 맛과 깊은 풍미가 돋보인다.

이세히로 History

(왼쪽 위) 1950년대의 본점 건물. (오른쪽 위) 2대 사장 호시노 젠지로 씨가 몸소 조리대에서 야키토리를 굽던 이 시절부터 지금에 이르기까지, 계속해서 졸가시나무 비장탄을 사용 중이다. (왼쪽 아래) 판촉물로 제공하던 성냥갑.

재료 구매부터 숯불 조리까지 숙련된 장인의 손을 거친다

2000년경의 실내 모습. 통닭을 사서 직접 손질하여 꼬치에 꿰는 것이 이세히로의 전통이다. 재료 매입에는 장인들이 총출동한다.

달걀물이 들어가는 가쓰돈보다도 역사가 길다는 '소스 가쓰돈'. 돈가스 두께는 약 8mm.

since 1913 　후쿠이
요롯파켄 총본점 ヨーロッパ軒総本店
요롯파켄소혼텐
福井県福井市順化 1-7-4

추억의 식당 풍경

1960년대의 식당 모습. 서양식 건축물인 지금의 매장과 비교하면 일본색이 강하다.

와세다에서 탄생한 후쿠이 명물 | '소스 가쓰돈'의 원조 식당

후쿠이에 터를 잡은 요롯파켄 총본점은 1913년에 문을 연 노포 양식당이다. 창업주 다카바타케 마스타로 씨가 독일 유학을 마친 뒤 도쿄 와세다에 가게를 차린 것이 시작이었다. 요리 발표회에서 돈가스에 우스터소스를 뿌린 가쓰돈을 선보인 이후부터 원조 '소스 가쓰돈 ソースカツ丼' 맛집으로 알려지게 되었다. 1923년 간토 대지진으로 도쿄에 있던 매장이 무너지자 다카바타케 씨는 고향인 후쿠이로 돌아와 영업을 이어나갔다. 명물 '소스 가쓰돈'은 얇게 저민 돼지고기에 고운 빵가루를 묻혀 바삭하게 튀긴 다음, 우스터소스 베이스의 진한 양념에 담갔다가 밥 위에 얹어주는 요리다. 지금은 후쿠이를 대표하는 향토음식이 되었다.

(위) 대표 메뉴 '오이와 소멘'. 다테야마 연봉의 맑은 물로 헹궈낸 면과 국물이 특징. (아래) 도야마 명물 아카마키가마보코赤巻蒲鉾 (가마보코의 일종)와 신선한 산채를 곁들인 뜨뜻한 '뉴멘'.

since 다이쇼시대 | 도야마
오이와칸 大岩館
富山県中新川郡上市町大岩 31

중후한 3층 목조 건축 료칸 | 용천수가 만들어내는 '오이와 소멘'

    도야마현 가미이치마치 오이와 지구, 오이와산 속 사찰 닛세키지日石寺로 오르는 길 도중에 우두커니 선 오이와칸은 다이쇼시대에 개업한 료칸 겸 식당이다. 당시 세워진 중후한 3층짜리 목조 건물이 그대로 현존해 있으며, 2009년 개봉한 영화 <쓰루기다케 점의 기록劔岳 点の記>의 촬영지 중 한 곳으로도 알려져 있다. 그 역사의 무게와 아름다운 자태는 손님들에게 특별한 인상을 남긴다. 가게 안으로 한 걸음 들어서면 고풍스러우면서도 고객에게 정성을 다하겠다는 다짐이 고스란히 느껴지는 따스한 분위기를 느낄 수 있다.
    명물 '오이와 소멘大岩そうめん'을 중심으로 이와나岩魚(곤들매기) 등 현지의 풍부한 식재료를 살린 메뉴들이 가득하다. 헤이안시대부터 전국시대에 걸쳐 많은 승병僧兵들이 살았다고 하는 오이와산 닛세키지의 문화를 배경 삼아, 사찰음식의 일환으로 소멘이 이 땅에 전래되었다고

명물 & 원조 맛집 — 오이와칸

중후한 일본 가옥의 널찍한 실내에는 테이블석과 좌식석이 있다. 격자창 너머로 보이는 도야마의 아름다운 풍경이 압권이다.

전통이 살아 숨 쉬는 료칸 식당에서 산에서 난 진미를 맛보다

산나물의 계절에는 예약제로 산채 코스 주문이 가능하다. 인근에서 캔 산나물로 만든 덴푸라와 고부지메 등 제철의 맛을 음미할 수 있다.

한다. '가미이치上市'라는 지명의 유래가 된 시장이 열렸을 때 소멘이 유통되었기 때문에 개발된 요리라는 말도 있다.

'오이와 소멘'은 다테야마 연봉(산맥)立山連峰의 맑은 물로 헹군 가느다란 면을 다시마 베이스의 쓰유에 적셔 먹는 요리다. 후루룩 쉽게 먹을 수 있는 데다 여름의 더위까지 날려보낼 만큼 시원하다. 동절기에는 따뜻한 '뉴멘にゅうめん(소멘 온국수)'을 주문하면 계절의 변화와 함께 색다른 맛을 즐길 수 있다.

산나물이 제철인 시기에는 예약제로 산채 코스도 마련되어 있다. 덴푸라나 고부지메昆布締め(재료를 다시마로 감싸 하루 숙성시킨 것) 등 도야마의 진미를 다채로운 조리법으로 맛볼 수 있어 인기가 높다. 사찰에 들르는 길에 방문하는 사람도 많은 이곳에 가면 산속 특유의 정적과 아름다운 자연에 둘러싸인 특별한 시간을 체험할 수 있다.

양대 간판 메뉴는 '치킨 미야베야'와 '고토라이스'. 테이블에는 각 요리를 사진과 함께 소개하는 수제 팻말이 있다.

since 1907 | 기후
아지로테이 _{あじろ亭}
岐阜県岐阜市伊奈波通 1-65

환상의 양식 '미야베야' | 현대로 이어져 내려온 명물 요리

1907년 창업한 아지로테이는 기후시 이나바도리의 참뱃길에 자리한 서양의 정취가 느껴지는 양식당이다. 대표 메뉴는 도카이東海 지방에서도 몇 군데에서만 맛볼 수 있는 환상의 요리 '미야베야ミヤベヤ'. 닭고기와 파를 볶은 후 케첩과 데미글라스 소스로 맛을 내고, 마무리로 달걀프라이를 올린 요리다. 또 다른 간판 메뉴 '고토라이스高等ライス'는 당시에는 고급 식재료인 달걀프라이를 카레에 곁들인 이색적인 요리로, 옛날부터 많은 사람들이 즐겨 찾던 메뉴다.

이 식당은 햄버그와 새우튀김 등 정석적인 양식 메뉴도 갖춰 현지 손님들에게 오랫동안 사랑받고 있다. 지금은 점심 영업만 하고 있지만, 옛날식 명물 요리를 변함없이 즐길 수 있다.

에도시대 나그네들의 피로를 풀어주던 소박한 나메시와 두부 미소 덴가쿠. 그 맛이 오늘날까지 이어져 내려오고 있다.

since 1800년대 후반 | 아이치

마쓰노야 松野屋

愛知県犬山市犬山北首塚 28-1

구수한 핫초미소의 향 | 노포의 '나메시덴가쿠'

나고야철도 名古屋鉄道 이누야마 犬山 역에서 15분 정도 걸어가면 보기에도 아름다운 식당 마쓰노야가 모습을 드러낸다. 메이지시대, 1800년대 후반에 창업하여 무려 140년이 넘는 역사를 지닌 노포다. 명물 '나메시덴가쿠 菜めし田楽'는 나메시(절인 무청을 잘게 다져 섞은 시래기밥)와 덴가쿠(두부 등을 꼬치에 꽂은 후 미소를 발라 굽는 산적)가 세트로 구성된 메뉴다. 원래는 도카이도 東海道의 명물 요리로 친숙했지만, 도카이도 근방의 일부 지역에도 전해져 이누야마시도 그중 하나로 꼽힌다.

핫초미소 八丁味噌(아이치현이 발상지인 장기 숙성 미소)를 발라 구수하게 구운 두부 덴가쿠는 보기만 해도 입맛을 돋우며, 건강에도 좋을 것 같은 맛이다. 평일에도 대기 줄이 생길 만큼 지역 주민에게 사랑받는 인기 식당이다.

오뎅 종류는 직원에게 물어보고 고를 수도 있다. 재료 대부분을 손수 만든다는 점도 큰 매력 중 하나다.

since 1844　오사카
다코우메 たこ梅
大阪府大阪市中央区道頓堀 1-1-8

작가들에게 사랑받던 '간토니' | 일본에서 가장 오래된 오뎅

　JR 난바難波역에서 도보 9분, 오사카시 주오구 도톤보리에 위치한 다코우메는 1844년에 개업한 일본에서 가장 오래된 오뎅집으로 유명하다. 초대 사장 오카다 우메지로 씨가 '다코칸로니たこ甘露煮(문어조림)'와 '간토니関東煮(오뎅)' 가게를 차리면서 그 역사가 시작되었다. 상호명은 당시 바 카운터 형식의 구조를 일컫던 '다코たこ'라는 단어와 우메지로 씨의 '우메梅'라는 글자를 합쳐 지은 것이다. 다코우메는 오다 사쿠노스케, 가이코 다케시, 이케나미 쇼타로, 요시다 겐이치 등 수많은 문호에게 사랑받은 식당이기도 하다. 오다 사쿠노스케의 대표작《부부단팥죽夫婦善哉(메오토젠자이)》에도 등장하여 오사카 문학사에 그 이름을 남겼다.

　간판 메뉴인 '간토니'는 가쓰오부시(가다랑어포)나 사에즈리(수염고래의 혀) 등을 센 불로 고아낸 국물을 계속 보충해가면서 사용하며, 도쿄의 오뎅과는 차별화된 진한 맛이 특징이다. 술안

테이블 자리도 좋지만 카운터석에서는 직원과 소통하면서 오사카 특유의 허물없는 분위기를 즐길 수 있다.

비법 양념으로 구워낸 명물 '다코칸로니'

추억의 식당 풍경

1970년대의 다코우메 본점. 역사가 느껴지는 모습이다.

가게의 비법 국물을 밥에 부어주는 본점 한정 후식 '시루카케고한汁かけご飯'. '고래고기 야마토니大和煮(일본식 장조림)'를 얹어준다.

주로 곁들이기에도 안성맞춤인 요리다.

 타코우메는 식재료 대부분을 직접 만들거나 손질해 사용한다. 간단한 요리인 오뎅이 여타의 요리와 차이를 보이는 이유는 바로 하나하나의 정성이 쌓여 만들어진 덕분이다. 사에즈리 꼬치를 필두로 모든 재료가 "이것이야말로 간사이 지방의 참맛"이라며 강력하게 주장한다.

 또 다른 명물 '다코칸로니たこ甘露煮(달콤한 문어조림)'도 창업 이래 변함없는 조리법으로 만들고 있다. 달콤하고 짭조름한 양념 맛은 오래 사랑받는 비법이기도 하다. 지금은 온라인으로도 판매하고 있어서 일본 전역의 고객이 본고장 오사카의 '간토니'를 집에서 손쉽게 즐길 수 있다. 180년이 넘는 역사를 자랑하는 이 식당은 오사카의 식문화를 상징하는 존재로서 지금도 많은 사람들의 발길을 모으고 있다.

홋코쿠세이의 기본 '오므라이스'. 입가심용 생강절임을 곁들이는 것 또한 이 식당만의 스타일이다.

since 1922　오사카
홋코쿠세이 北極星
大阪府大阪市中央区西心斎橋 2-7-27

일본식 저택에서 맛보는 서양의 정취 | 원조 오므라이스의 명가

　오사카미나미의 터미널역 난바なんば역에서 도보 7분, 오사카시 주오구 니시신사이바시에 위치한 홋코쿠세이는 1922년 창업한 노포 양식당이다. 개업 당시 창업주 기타하시 시게오 씨가 오사카 시오미바시(현 나니와구)에서 '빵집 식당パンヤの食堂(판야노쇼쿠도)'이라는 이름으로 양식과 빵을 팔기 시작한 것이 그 원점이다. 이후 홋코쿠세이(북극성)로 상호명을 바꾼 것은 자신과 같은 이시카와현 출신인 정치인 나가이 류타로 씨가 남긴 "삶의 이정표가 되어라, 북극 하늘에 빛나는 밝은 별처럼"이라는 말에서 유래했다. 다이쇼시대에 서양 요리가 일본 서민층에 침투하기 시작한 가운데, 홋코쿠세이는 대중도 친근하게 다가갈 수 있는 양식을 제공하여 일본 사람의 입맛에 맞춘 양식 문화를 전파하는 선구자적 역할을 맡았다.

　대표 메뉴인 '오므라이스オムライス'가 탄생한 것은 창업 3년 차인 1925년이었다. 위장이 약

신사이바시 본점의 다도관 같은 외관도 볼거리 중 하나다. 계절마다 풍경이 달라지는 중정도 근사하다.

수제 냉동 제품도!

'치킨 오므라이스'는 냉동 제품으로도 판매한다. 원조의 맛을 집에서도 손쉽게 즐길 수 있다.

'오므라이스'의 토핑과 소스를 고를 수 있다.

한 단골손님이 매번 오믈렛과 흰 쌀밥을 주문하는 것을 보고 기타하시 씨는 매번 같은 것만 먹는 것을 보니 안쓰럽다는 생각에 얇게 부친 달걀로 케첩라이스를 감싼 창작 요리를 건넸다. 손님이 그 요리 이름을 물었을 때 "오믈렛과 라이스를 합쳐서 '오므라이스' 어떨까요?" 하고 즉흥적으로 대답한 것이 유래라고 한다. 이후 홋코쿠세이의 오므라이스는 전국에 퍼졌고 일본을 대표하는 양식 메뉴가 되었다.

홋코쿠세이의 식당 외관은 언뜻 보면 양식당으로는 보이지 않을 만큼 전통적인 옛 자취가 느껴진다. 1950년 건축된 다도관 스타일의 건물로, 실내에는 정통 일본식 중정을 끼고 회랑이 펼쳐져 있다. 일본식 공간에서 맛보는 오므라이스는 다른 곳에서 느끼지 못할 특별한 경험을 선사한다.

홋쿄쿠세이 History

(위) 1934년, 신세카이 에미스초에 위치한 '빵집 식당' 전경. 뒤편으로 전망대 쓰텐카쿠 通天閣 의 초기 모습이 보인다. (오른쪽) 당시의 메모장과 1930~1931년의 종업원들.

 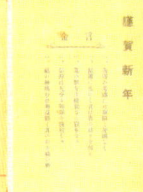 

(위) 1936년에 홋쿄쿠세이로 상호명을 바꾸었다. 홋쿄쿠세이 빌딩은 오사카 최초의 복합상가였다. (오른쪽 위) 홋쿄쿠세이 빌딩 1층의 카운터석.

(왼쪽 위) 1970년경의 홋쿄쿠세이 빌딩. (오른쪽 위) 1963년경의 홋쿄쿠세이 객석 풍경. 많은 손님으로 북적거린다.

명물 & 원조 맛집 시골 양식 이세야

(오른쪽 위) 진하고 달콤 짭짤한 소스가 얇게 썬 돈가스를 뒤덮었다. (아래) 해군 전투식량에서 유래한 '니쿠자가'는 투박하지만 깊은 감칠맛이 매력이다.

since 1921 | 히로시마
시골 양식 이세야 田舎洋食 いせ屋
이나카요쇼쿠 이세야
広島県呉市中通 4-12-16

해군 주방장이 차린 식당 | 계속 전수되는 전통 레시피

JR 구레吳역에서 도보 약 15분, 상점가 중간쯤에 위치한 시골 양식 이세야는 1921년 창업한 노포 양식당이다. 구레시는 자연 항구가 형성되어 구 일본 해군의 거점으로 번성했던 마을로, 지금도 식문화에 그 자취가 남아 있다.

간판 메뉴는 데미글라스 소스를 끼얹은 '이세야 특제 가쓰돈'과 '해군의 니쿠자가' 두 가지다. '가쓰돈カツ丼'은 밥에 비프카쓰를 얹고 달콤 짭짤한 소스를 뿌린 양식풍 요리로, 포크로 먹는 것이 특징이다. '니쿠자가肉じゃが(고기감자조림)'는 물 없이 간장과 설탕만으로 푹 쪄서 깍둑썬 감자의 모서리가 둥글어질 때까지 부드럽게 익혀 완성한다. 해군 주방장 출신인 창업주의 맛을 현대인들에게 전해주는 일품 요리다.

통닭과 돼지뼈를 장시간 고아낸 육수에 굵직한 면과 재료를 듬뿍 올리고 마무리로 달걀지단을 얹는다. 이것이 원조 스타일이다.

since 1899 | 나가사키
중화요리 시카이로 中華料理 四海樓
주카료리 시카이로

長崎県長崎市松が枝町 4-5

나가사키짬뽕의 원조 맛집 | 이국적인 중화요리 노포

JR 나가사키長崎역에서 차로 10분 정도, 미나미야마테南山手 거리의 입구에 자리 잡은 시카이로는 1899년에 청나라 푸젠성 출신인 천핑순 씨가 창업한, 나가사키에서 가장 오래된 중화요리점이다. '나가사키 짬뽕'과 '쟁반우동'의 원조 맛집으로 알려져 있다.

개업 당시의 나가사키는 화교나 중국인 유학생이 많았는데, 그들을 위해 도진야시키치唐人屋敷跡(에도시대에 형성된 차이나타운)였던 히로바바마치에서 식당을 차린 것이 시초였다.

1973년에는 마쓰가에초로 이전해 지금은 5층 건물을 쓰고 있는데, 1층은 특산물 매장, 2층은 짬뽕 박물관, 3·4층은 예약 전용, 5층이 레스토랑이다. 최고층인 5층 전망의 레스토랑에서는 나가사키 항구의 아름다운 바다 풍경이 훤히 보여, 요리와 풍경을 함께 즐길 수 있는 인기 명소다.

명물 & 원조 맛집

중화요리 시카이로

시카이로 제공

본점은 으리으리한 5층짜리 건물이다. 3·4층은 예약 전용, 5층이 레스토랑이다. 특히 5층 전망 레스토랑에서는 식사를 하면서 나가사키의 풍경을 만끽할 수 있다.

추억의 식당 풍경

도진야시키치에서 창업한 시카이로. 메이지시대 또는 다이쇼시대 쯤의 모습이다.

시카이로 제공

창가 자리에서는 나가사키항의 웅장한 풍경이 눈앞에 펼쳐진다.

    간판 메뉴인 '짬뽕ちゃんぽん'은 창업주 천 씨가 중국인 유학생과 화교들을 위해 '맛있고 양도 많으면서 영양가가 높고 가격도 싼 메뉴'를 염두에 두고 고안했다. 닭목과 돼지뼈로 육수를 낸 후 나가사키의 산해진미를 아낌없이 넣은 푸짐한 면 요리다.

    '쟁반우동皿うどん(사라우동)' 또한 창업주가 고안한 요리로 '짬뽕'의 응용 메뉴로 탄생했다. 국물 없는 면 요리를 넙적한 쟁반에 담은 데서 이름을 붙였다. 이국적인 분위기가 풍기는 시카이로의 '짬뽕'과 '쟁반우동'은 나가사키를 대표하는 명물로 지역 주민들과 관광객 모두에게 꾸준히 사랑받고 있다. 이 요리들을 탄생시킨 시카이로는 지금도 명실상부한 원조 맛집으로서 부동의 입지를 자랑한다.

(위) '도루코라이스'. (아래) '밀크셰이크'. 모두 쓰루찬의 간판 메뉴이자 나가사키를 대표하는 명물이다.

since 1925 나가사키
쓰루찬 ツル茶ん
長崎県長崎市油屋町 2-47

나가사키 명물을 맛보다 | 규슈에서 가장 오래된 찻집

　나가사키 시내의 노면전차인 나가사키전기궤도長崎電気軌道 시안바시思案橋역에서 도보 1분 거리인 곳에 쓰루찬이 있다. 1925년에 창업하여 규슈에서 가장 오래된 찻집으로 유명하다. 독특한 상호명은 근처에 있는 나가사키 항구에서 유래했다. 항구를 하늘에서 내려다보면 학(일본어로 '쓰루鶴')이 날개를 펼친 듯한 모습을 하고 있어서 나가사키 항구가 '학의 항구'라 불렸는데, 그곳에 생긴 찻집이라는 뜻에서 쓰루찬이라는 이름이 붙었다. 지금의 건물은 1990년에 세워져 지은 지 30년이 넘었지만, 벽돌과 아치형 창문이 어우러져 고풍스러운 분위기를 자아낸다.

　실내에 들어서면 마치 개업 당시부터 시간이 멈춘 듯 독특한 분위기에 휩싸인다. 한쪽 벽에 붙은 수많은 사인과 앤티크 축음기 등의 소품들이 오랜 역사를 알려주는 역할을 한다. 유심히

명물 & 원조 맛집 쓰루찬

내부 공간에는 앤티크 소품들이 즐비하여 중후한 역사를 느낄 수 있다. (오른쪽 위) 벽돌로 지어진 외관과 아치형 창문이 이국적인 느낌을 준다.

보면 실내에 장식된 세 개의 시계가 모두 오전 11시 2분을 가리키고 있다는 점이 인상적이다. 이는 나가사키에 원자폭탄이 투하된 시각으로, 그 당시를 묵묵히 기리는 마음이 전해진다.

  이곳의 명물은 '도루코라이스トルコライス(터키라이스)'. 나가사키 일대에서 즐겨 먹던 양식으로 버터라이스, 나폴리탄 스파게티, 포크커틀릿 등이 한 그릇에 담겨 '어른들을 위한 어린이 정식'이라고도 불리는 푸짐한 메뉴다. 쓰루찬의 '도루코라이스'는 무려 열한 가지 종류가 있어 취향에 맞게 선택할 수 있다는 점도 매력이다. 또 다른 대표 메뉴는 '밀크셰이크ミルクセーキ'. 나가사키 스타일의 빙수에 연유와 레몬 등을 더해 숟가락으로 퍼먹는 디저트로, '도루코라이스'와 함께 즐기고 싶은 메뉴로 손꼽힌다.

쓰루찬 *History*

개업 당시

(오른쪽) 개업 당시의 진귀한 사진. 창업주 가와무라 다케오 씨는 금주법이 시행되던 미국에서 술 대신 차를 마시는 문화가 유행한 데서 착안하여 쓰루찬을 개업하기로 마음먹었다고 한다.

제2차 세계대전 이후부터 쇼와시대 후기 사이쯤의 쓰루찬. 나가사키의 찻집 문화를 지금까지 전파하는 존재로, 이 지역을 거점으로 큰 역할을 해왔다.

3대 사장 가와무라 다카오 씨의 모습. 미소와 친절함이 넘치는 그의 성품 또한 쓰루찬의 매력 중 하나다.

명물 & 원조 맛집

덴가쿠야

'덴가쿠'에 쓰이는 미소는 구마모토산 무기미소. 달착지근한 양념과 파래가루의 소금기가 절묘하게 어우러져 자꾸만 손이 간다.

since 1877 　구마모토
덴가쿠야 田楽家
熊本県熊本市西区城山大塘 1-1-7

메이지 10년 찻집으로 시작 | 구마모토에 뿌리내린 향토의 맛

　　JR 구마모토역에서 차로 15분, 구마모토시 니시구 시조잔오도모에 자리 잡은 다카하시이나리신사高橋稲荷神社는 일본 4대 또는 5대 이나리사(이나리 신을 모시는 신사로, 일본 곳곳에 여러 군데가 있다)로 손꼽히기도 하는 유서 깊은 곳이다. 1877년 초대 사장 사무라 곤파치 씨가 참배길 길목에 조그맣게 찻집을 차린 것이 시초라고 전해진다. 그 후 신사 경내로 가게를 옮겼다가 다이쇼시대부터 쇼와시대에 걸쳐서 지금의 자리로 이전했다.

　　명물은 가게 이름이기도 한 '덴가쿠田楽'. 지역 특산물인 무기(보리)미소에 세키슈의 酒(붉은색을 띠는 일본 전통주의 일종)와 설탕을 섞은 달콤한 양념을 발라 구운 후에 파래가루를 뿌린 것이 특징이다. 슴슴한 두부에 구수함과 감칠맛을 더해준다. 달콤한 아마미소의 풍미와 바다 향이 자아내는 조화는 다른 지역의 덴가쿠와는 차별화된 향토의 맛이다.

명물 '아카규돈'. 레어에 가깝게 구워낸 붉은 살코기와 간장 양념, 그리고 반숙 달걀의 궁합이 찰떡이다.

since 1910 　구마모토

이마킨 식당 いまきん食堂
이마킨쇼쿠도

熊本県阿蘇市内牧 290

아소 지방 명물 '아카규돈' | 붉은 살코기가 주인공인 극강의 맛

　아소의 장엄한 자연을 느낄 수 있는 우치노마키 온천 거리. 국도 57호선 옆에 있어 접근성이 결코 좋지만은 않지만, 이 거리의 한편에는 아침부터 대기 줄이 늘어설 만큼 인기 있는 가게가 있다. 1910년에 개업한 이마킨 식당이다.

　구마모토에서만 사육하는 희귀한 아카규赤牛(와규의 일종) 요리를 맛볼 수 있어 압도적인 지지를 받는 곳이다. 평일에도 1~3시간은 기다려야 할 만큼 손님이 많다. 다만 대기번호가 배부되기 때문에 입장을 기다리는 시간까지도 관광의 일부로서 즐길 만하다. 전용 대기실도 마련되어 있어 느긋하게 기다리는 것도 가능하다. 차분하고 널찍한 일본식 가옥에서 직원의 친절한 응대를 받고 있으면 마치 친척집을 방문한 것처럼 마음이 편해진다. 찻주전자에 가득 담긴

명물 & 원조 맛집 — 이마킨 식당

(위) '아카규돈' 뚜껑을 열면 탐스럽게 담긴 붉은 살코기와 반숙 달걀이 모습을 드러낸다. (오른쪽) 감칠맛 넘치는 '아카규스지폰(소의 힘줄을 익혀 새콤하게 양념한 요리)'.

추억의 식당 풍경

1960년대의 모습. 2층 정면에는 '대중식당'이라는 간판이 걸려 있었다.

가게 앞에는 독특한 캐릭터상도 있다.

차와 서비스로 제공되는 수프를 즐기며 명물 '아카규돈あか牛丼'을 기다리게 된다.

'아카규돈'의 고기는 일본 재래종 갈모화우 품종인 구마모토아카규. 붉은살이 많고 지방질이 적어서 부드러우면서도 고기 맛이 진한 육질이 특징이다. 우둔살(허벅지살)을 미디엄 레어로 구워 돈부리에 동그랗게 둘러 채우고, 가운데에 온천란을 얹은 것이 그 유명한 명물 '아카규돈'이다. 한입 먹으면 그 절묘한 굽기와 농후한 고기 맛에 긴 대기 줄이 생기는 이유를 바로 알게 될 것이다. 그 밖에도 '아카규 햄버그あか牛のハンバーグ'나 '소보로돈そぼろ丼' '짬뽕ちゃんぽん' 등 다양한 메뉴를 갖췄다. 여럿이 함께 와서 다양한 메뉴를 시켜 나누어 먹는 것도 추천한다. 온천 거리를 구경하면서 최상급 '아카규돈'을 기다리는 설렘 가득한 여행을 해보자.

일본산 닭고기와 오이타산 달걀을 쓴 '혼케도리텐本家とり天'. 바삭바삭한 식감이 매력이며 가보스 초간장과의 궁합도 일품이다.

since 1926 　오이타
레스토랑 도요켄 レストラン 東洋軒
大分県別府市石垣東 7-8-22

천황 전담 요리사가 개업한 곳 | '도리텐'의 원조 레스토랑

　　JR 벳푸別府역에서 차로 약 10분, 온천지 벳푸 일각에 있는 레스토랑 도요켄은 1926년에 개업한 노포 양식당이다. 창업주 미야모토 시로 씨는 데이코쿠호텔 등에서 실력을 키운 뒤 천황 전담 요리사로도 일했던 인물. '벳푸 관광의 아버지'라 불리는 기업가 아부라야 구마하치油屋熊八 씨의 지원을 받아 이 자리에 가게를 차렸다.

　　이곳은 오이타를 대표하는 소울 푸드 '도리텐とり天(닭튀김)'의 원조 맛집으로 유명하다. 관광지의 중심에 위치하지만 지역 주민들에게 쭉 사랑받고 있다. 요리의 맛은 물론 역사가 느껴지는 매장과 친절한 서비스도 오랜 세월 계속해서 지지를 받는 비결 중 하나다.

　　쇼와시대의 자취가 남아 있는 2층 구조의 대형 레스토랑에서는 아늑한 분위기 속에서 식사를 즐길 수 있다. 관광객은 물론 일상적인 모임부터 경조사 등의 식사 자리 등 어떤 상황에나

명물 & 원조 맛집 | 레스토랑 도요켄

(위) 단품 외에도 '도리텐'에 밥, 국, 샐러드, 절임 반찬이 딸려 나오는 '혼케도리텐 정식' 등이 있다. (오른쪽) 대형 간판이 트레이드마크.

명물 '도리텐'은 밀키트도 있다. 전자레인지 조리용과 튀김 조리용 두 가지로 나뉘며, 특제 '도요켄 가보스초간장'도 판매 중이다.

잘 어울린다. 피크 타임에는 긴 줄과 주차 대기까지 생기지만, 또 다른 명물인 주차 안내 직원 나카무라 씨가 경쾌한 안내 퍼포먼스로 방문객들의 조바심을 누그러뜨린다.

'도리텐'은 중식과 일식의 기법을 융합해 탄생한 요리다. 마늘을 첨가한 특제 간장 양념에 닭고기를 재운 후 물을 일절 쓰지 않고 달걀과 참기름만으로 튀김옷을 입혀 덴푸라처럼 튀겨낸다. 튀김옷이 가벼워서 바삭바삭한 독특한 식감을 만들어내는데, 이것을 오이타 특산물인 가보스초간장 かぼす酢醤油에 찍어 먹는 것이 정석이다. 현재는 4대째 사장이 가게를 이어받아 맛과 기술, 그리고 서비스 정신까지 계승하고 있다. 요리의 매력은 물론, 오이타의 문화와 관광 역사까지 느낄 수 있는 도요켄은 말 그대로 벳푸를 대표하는 식당이라고 할 만하다.

레스토랑 도요켄 History

개업 당시

식당의 변천사. (위) 1926년 개업 당시. (가운데) 1931년. (오른쪽 위) 1934년. (오른쪽) 1935년, 창업 10주년 기념 당시의 단체 사진. 귀중한 한 컷이다.

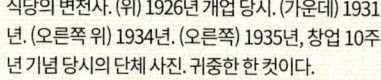

가게 안에도 있는 도요켄의 역사 코너

가게 안에는 다이쇼·쇼와시대의 사진과 메뉴판을 소개하는 전시 코너도 있다. 역사의 변천을 볼 수 있다는 것은 노포만이 가진 묘미다.

2부 현지인에게 오래도록
　　 사랑받는 변함없는 맛집

대중식당 · 레스토랑

관광지의 유명 명물이 아니라 지역 밀착형으로 오랜 세월 사랑받는 곳이 바로 대중식당과 동네 레스토랑이다. 멋 부리지 않은 맛, 아늑한 공간, 재방문하고 싶어지는 따스함. 요리 한 그릇 속에 지역에 뿌리내린 삶과 변치 않는 매력이 담겨 있는, 여러 마을의 노포 맛집을 찾아가보자.

고토켄의 맛의 역사를 음미할 수 있는 '메이지의 양식 & 카레 세트'. 카레는 '영국식 카레'와 '메이지 카레' 중에서 고를 수 있다.

since 1879 훗카이도

고토켄 五島軒
北海道函館市末広町 4-5

훗카이도에서 가장 오래된 서양 음식점 | 역사와 함께 맛보는 카레

 1879년 창업한 고토켄은 훗카이도에서 가장 오래된 서양 음식점이자, 하코다테의 상징과도 같은 존재다. JR 하코다테函館역에서 차로 약 7분 걸리는 스에히로초에 본점을 두고, 창업주 와카야마 소타로 씨와 초대 주방장 고토 에이키치 씨가 러시아 요리와 빵 전문점으로 개업한 것이 시작이었다. 가게 이름은 고토 씨의 이름에서 따왔으며, 1886년 대화재 이후 프랑스 음식점으로 변경했다. 2대 사장인 와카야마 도쿠지로 씨는 데이코쿠호텔에서 수련을 쌓은 후 하코다테에 서양요리 기술을 전승했다.

 창업 이래로 다섯 번의 화재를 겪은 탓에, 지금의 건물은 1934년에 목조와 철근 콘크리트를 사용해 2층 구조로 재건한 것이다. 1997년에는 훗카이도 최초로 일본 유형문화재로 지정되었

(오른쪽) '영국식 카레'는 소스보트에 담아 제공한다. 반찬은 후쿠진즈케(장아찌)와 땅콩.

1908~1921년경의 고토켄.

사진은 위부터 1920년대의 고토켄 호텔과 고토켄 연회장의 모습이다.

(왼쪽) 1935년의 외관. (오른쪽) 1957년에 찍은 개별실 '왕조의 방'.

다. 간결한 외관과 달리 내부는 격조 높은 서양식 인테리어로 이루어져 있고, 하코다테와 인연이 있는 예술가들의 작품이 장식되어 있다.

고토켄의 대명사라고도 불리는 '영국식 카레ｲｷﾞﾘｽ風ｶﾚｰ'는 초대 주방장이 들여온 러시아 요리 기법에 2대 사장이 프랑스 요리 기법을 융합하여 완성한 요리다. 6시간 이상 진득하게 끓인 수제 부용(프랑스식 육수)에 여러 향신료를 더하여 식욕을 돋우는 진한 향이 특징이다. 개업 당시의 레시피를 복각한 '메이지 카레明治のｶﾚｰ'도 준비되어 있으며, 그 두 가지를 한 그릇으로 맛볼 수 있는 '아이가케카레あいがけカレー'도 높은 인기를 자랑한다.

하코다테에 왔다면 고토켄의 요리를 맛보면서 식당이 걸어온 역사 그 자체를 느껴보기 바란다.

(왼쪽) 명물 멜론소다. (위) 햄버그 미트소스. 모든 메뉴의 양이 푸짐하기 때문에 공복으로 방문하길 추천한다.

since 1899 홋카이도
후지모리 ふじもり
北海道帯広市西２条南 11丁目 8

멜론소다로 손님을 대접하다 | 오비히로에서 두번째로 맛있는 가게

  JR 오비히로帯広역에서 3분 정도 걸으면 대로에 인접한 곳에 자리 잡은 후지모리가 보인다. 입구에서는 쇼윈도에 진열된 요리 샘플들이 손님을 맞이한다.

  이 식당의 시작점은 1899년 양잠업과 자재 산업에 종사하던 것이 계기였다. 1906년에는 오비히로역 내에서 만주 등을 판매하는 '후지모리 대합소藤森待合所'를 개설하며 지금의 요식업으로 이어졌다. 현재는 본점인 후지모리뿐만 아니라 오비히로와 구시로釧路에서 매장을 10개 이상 운영 중인 '카레숍 인디언カレーショップインデアン'의 운영사로서도 유명하다. '인디언 카레インデアンカレー'는 후지모리의 인기 메뉴 중 하나로, 이를 카레 전문점으로 독립시켜 선보인 것이다.

  손님이 매장 안으로 들어서면 "이랏샤이마세(어서 오세요)!" 하는 기분 좋은 인사와 함께 자

가게 앞 쇼윈도. 일식, 양식, 중식까지 메뉴가 다채로워 무엇을 먹을지 망설여진다.

추억의 식당 풍경

리뉴얼 전의 후지모리와 '카레숍 인디언'의 이전 매장.

'인디언 카레'는 냉동식품으로도 판매해 명물 카레를 집에서 손쉽게 먹을 수 있다.

리를 안내받는다. 이때 손님에게 멜론소다와 물 한 컵이 제공된다. 무료 멜론소다 서비스는 주스가 고급품에 속하던 1960년대에 시작된 것으로, 가게에 들어오기만 하면 누구나 받을 수 있는 환대의 상징이다.

이 식당은 일식, 양식, 중식 메뉴를 폭넓게 갖춰 어떤 상황에서도 유연하게 방문할 수 있다. 술안주로 삼을 만한 일품요리도 많아 회식 손님이 많은 것도 납득이 간다.

어머니의 요리 다음으로 맛있는 가게를 지향하기 때문에 "오비히로에서 두번째로 맛있는 가게가 목표입니다"라는 메시지를 내세우는 점도 인상적이다. 맛있는 요리와 서비스 정신에 반해 오랫동안 재방문하는 단골도 많다. 그만큼 오비히로 지역에 뿌리내리며 오래 사랑받아온 식당이다.

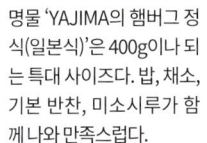
명물 'YAJIMA의 햄버그 정식(일본식)'은 400g이나 되는 특대 사이즈다. 밥, 채소, 기본 반찬, 미소시루가 함께 나와 만족스럽다.

since 1925 　군마
야지마 식당 矢嶋食堂
야지마쇼쿠도
群馬県伊勢崎市本町 19-8

추억의 식당 풍경

가게 안은 옛 식당 사진으로 장식해 역사의 깊이를 전해준다.

명물 거대 햄버그 | 이세사키에서 사랑받는 식당

　1925년 창업한 야지마 식당은 군마현 이세사키시의 중심 시가지 혼초도리本町通り 길가에 세워진 노포 식당이다. 이 지역에서는 '야지쇼쿠ヤジショク'라는 애칭으로 불리며 평일에도 만석이 될 만큼 높은 인기를 자랑한다. 간판 메뉴인 'YAJIMA의 햄버그 정식(일본식)YAJIMAのハンバーグ定食(和風)'은 무려 400g. 엄청난 크기 때문에 '짚신 햄버그'라고 부르는 단골 손님들이 있을 정도다. 토핑은 달걀프라이 또는 간무 중에 고를 수 있고, 햄버그에 치즈를 올리거나 데미글라스 소스를 추가하는 세트 등 다양하게 변주한 메뉴가 준비되어 있다. 야키니쿠(고기구이)나 튀김 정식 등의 메뉴가 풍성하다는 점 또한 매력적이다. 맥주를 곁들여 명물 요리를 안주 삼아 한 입 가득 맛보는 것도 이 가게를 제대로 즐기는 방법이다.

(오른쪽 위) 손님들 대부분이 주문하는 간판 메뉴 '오므라이스'. (왼쪽 위) 특대 사이즈의 새우튀김도 인기.

since 1924 　지바
레스토랑 아케보노 レストランあけぼの
千葉県習志野市津田沼 3-9-16

추억의 식당 풍경

(오른쪽) 개업 당시의 가게 앞. (아래) 1971년부터 2021년까지 운영한 2대째 가게.

쓰다누마의 노포에서 맛보다 | 커스텀이 자유로운 오므라이스

　게이세이쓰다누마京成津田沼역에서 도보 5분, 쓰다누마의 언덕 길가에 조용히 자리 잡은 레스토랑 아케보노. 1924년 창업 이래 지역 주민들에게 사랑받아온 양식 노포다.
　원래는 일식 겸 양식 식당이었지만, 도쿄 유명 양식당에서 수련한 2대 사장이 이어받아 정통 양식으로 방향을 틀었다. 간판 메뉴는 '오므라이스'로, 주말에는 방문객 대부분이 이 메뉴를 주문한다. 달걀은 말아서 덮는 타입과 오픈 타입 중에서 고를 수 있고, 소스도 케첩, 데미글라스, 미트소스 등 여러 종류가 준비되어 마음대로 조합할 수 있다. 이외에도 특대 새우튀김이나 비프카쓰, 스테이크, 카레 등 다채로운 사이드 메뉴를 갖춰 오므라이스에 곁들여 먹는 재미가 있다.

원하는 반찬을 이것저것 조합하여 나만의 정식으로 만드는 것도 하나의 재미. '햄 에그' '니쿠도후' '사바 노미소니'는 반찬으로나 안주로나 딱이다.

since 1915 도쿄
식당 나가노야 食堂 長野屋
쇼쿠도 나가노야
東京都新宿区新宿 3-35-7

신주쿠에 남은 기적의 맛집 | 지금도 사랑받는 대중식당

　전 세계에서 승하차 인구가 가장 많기로 유명한 거대 터미널, 신주쿠新宿역. 그 동남쪽 출구에서 도보 1분 거리에는 1915년 창업한 식당 나가노야가 재개발의 파도에 휩쓸리지 않고, 변함없는 모습으로 노렌을 내건 채 장사를 이어나가고 있다. 간토 대지진과 제2차 세계대전을 거치면서도 개업 당시부터 그 자리에서 그대로 영업 중인 기적 같은 노포 식당이다.
　이곳은 옛날식 대중식당답게 일식부터 양식, 안줏거리까지 다양한 메뉴가 가득하고 주류도 판매한다. 점심이나 저녁식사는 물론이고, 술자리에도 적합하며 늘 활기가 끊이지 않는다. 신주쿠라는 입지 특성상 아침부터 술잔을 기울이는 사람도 드물지 않다.
　사장에게 묻자 최근에는 해외 관광객 손님도 늘고 있다고 한다. 맛뿐만 아니라 가게의 입지, 영화 세트장 같은 레트로 인테리어가 관광객의 눈에도 신선하게 비치는 모양이다. 주문을 하

한쪽 벽에 붙은 메뉴와 가게 앞 진열대 등 가게 전체에 쇼와시대의 영향이 짙게 남아 있다.

추억의 식당 풍경

개업 당시의 식당은 전쟁으로 소실되었다. 사진은 전쟁 이후 재건된 두번째 매장. 지금의 매장은 세번째다.

면 2층 주방으로 전달되고 서빙용 리프트로 요리가 운반되어 나온다. 오래된 전화기나 옛날식 주방 리프트 등 사진 찍고 싶은 내부 시설도 즐길거리 중 하나다. 간판 메뉴는 여러 가지가 있지만, 일식 중에서는 '니쿠도후肉豆腐(고기 두부조림)'와 '사바노미소니サバの味噌煮(고등어 미소조림)'가 인기다. 모두 간이 센 편이라 밥반찬으로나 술안주로나 제격이다. 생선류는 시세에 따라 종류가 바뀐다고 한다.

 양식을 선호하는 이들에게는 쇼와시대 분위기가 물씬 풍기는 노르스름한 홈메이드 스타일 카레가 일품이다. 이 집의 자랑인 돈가스를 얹은 '가쓰카레' 또한 푸짐하고 든든한 메뉴다. 일식과 양식 모두 풍성한 데다 식사부터 술자리까지 안성맞춤인 식당, 신주쿠의 기적과도 같은 이곳에서 병 맥주를 손에 들고 느긋하게 요리를 즐겨보자.

(위) 간판 메뉴 '하토야 런치'. (왼쪽 아래) 명물 '히레카쓰산도'. (오른쪽 아래) 밤에는 빨간색과 초록색 네온사인이 켜진다.

since 1915 도쿄
레스트랑 하토야 レストラン鳩家
東京都墨田区東向島 3-37-7

양식의 정석을 담은 한 그릇 | 어른을 위한 어린이 정식

히가시무코지마산초메東向島三丁目 교차로 근처, 도부 스카이트리 라인東武スカイツリーライン의 역에서 도보 7분 정도 걸리는 곳에 있는 레스트랑 하토야는 1915년에 개업한 노포 양식당이다. 하토야라는 독특한 상호명은 창업주가 정치 명문가 하토야마가鳩山家 소유의 오토와 저택의 요리사였던 것에서 유래했다.

간판 메뉴는 '하토야 런치ハトヤランチ'. 큼직한 '에비후라이エビフライ(새우튀김)'와 '햄버그ハンバーグ'라는 양대 인기 메뉴를 중심으로, 누구나 친숙하게 느낄 만한 양식을 한 그릇에 담은 명물이다. '어른들을 위한 어린이 정식'이라는 별명으로 불리기도 한다. 신선한 돼지고기를 사용하여 진한 데미글라스 소스로 마무리한 '히레카쓰산도ヒレカツサンド'도 명물 중 하나다. 양식당답게 정갈한 만듦새가 곳곳에 빛을 발하는, 만족도가 높은 요리다.

대중식당·레스토랑

레스토랑 하토야 | 무사시야

'오므라이스'는 드라이카레(위)나 잠발라야 타입으로도 선택할 수 있다. (아래) 인기가 많은 곳이지만 높은 의자가 놓인 바 형식이라서 회전이 빠르다.

since 1885 도쿄

무사시야 むさしや

東京都港区新橋 2-16-1 ニュー新橋ビル 1F

직장인들의 오아시스 | 오므라이스 & 나폴리탄

 JR 신바시新橋역 가라스모리烏森 출구를 나오자마자 단 30초. 신바시의 상징과도 같은 건물인 뉴신바시빌딩 1층에 1885년에 개업한 양식당 무사시야가 자리 잡고 있다. 개업 당시에는 신바시 근처 아타고야마에서 군고구마 등을 팔던 가게로 시작했다가 신바시로 이전했다. 이후 고도 경제 성장기를 거치면서 지금의 경양식 스타일로 정착했다. 간판 메뉴는 '오므라이스 オムライス'와 '나폴리탄 ナポリタン'.

 그중에서도 추천 메뉴는 '오므라이스'다. 버터 향 치킨라이스를 보드랍게 감싼 오므라이스에 또 하나의 명물인 나폴리탄과 샐러드, 미소시루까지 곁들여 나온다. '나폴리탄'은 단품으로 주문하면 파르메산치즈가루도 제공된다. 오늘은 어떤 메뉴를 먹을지 행복한 고민에 빠지게 된다.

명물은 '덴시노 에비후라이'. 큼직한 뉴칼레도니아산 새우를 머리부터 꼬리까지 통째로 맛볼 수 있는 인기 메뉴.

since 1924 　도쿄
양식 이리후네 洋食 入舟
요쇼쿠 이리후네
東京都品川区南大井 3-18-5

도쿄에서 제일가는 맛과 크기 | 명물 '덴시노 에비후라이'

　　JR 오모리大森역과 게이큐京急 오모리카이간大森海岸역의 중간, 옛 도카이도 근처에 위치한 양식 이리후네는 1924년에 문을 열었다. 일찍이 꽃시장이 크게 형성된 이 일대에 남은 유일한 식당이다. 매장의 1층은 일반적인 입식 테이블, 2층은 다다미방을 개조한 공간으로 옛 모습의 운치를 지금껏 전해주고 있다.

　　명물 '덴시노 에비후라이天使のエビフライ(천사의 새우튀김)'을 필두로 '오므라이스' '아지후라이アジフライ(전갱이 튀김)' '크림 고로케' 등 모든 요리에서 장인의 손길이 느껴진다. 고민될 때는 인기 메뉴를 조금씩 맛볼 수 있는 '이리후네 런치'도 추천할 만하다. 런치라는 이름과 달리 어느 때에나 주문할 수 있어 폭넓은 고객층이 선호하는 메뉴다. 점심은 느긋하게, 밤에는 술과 함께, 시간대에 구애받지 않고 즐길 수 있는 명품 양식당이다.

인기 정식 3종 중 하나. 사진은 부타쇼가야키, 전갱이 튀김, 새우튀김이 믹스된 'B정식'에 햄카쓰를 추가한 것.

대중식당 · 레스토랑 | 양식 이리후네 — 키친 다이쇼켄

since 1914 도쿄
키친 다이쇼켄 キッチン大正軒
東京都千代田区有楽町 2-10-1
東京交通会館 B1F

추억의 식당 풍경

인기 양식당의 시초는 스가모에서 오픈한 정육점이었다.

유라쿠초 교통회관 지하 | 쇼와의 향기와 고기 맛

JR 유라쿠초有楽町역 바로 앞, 도쿄교통회관 지하 1층의 요콧초요코초横っちょ横丁에 있는 키친 다이쇼켄은 1914년에 정육점으로 창업했다. 1963년 교통회관 개장과 함께 지금의 장소로 이전했다. 명물은 두말할 것도 없이 고기 요리다. '멘치카쓰メンチカツ' '햄버그ハンバーグ' '부타쇼가야키豚しょうが焼(돼지고기 생강구이)' 등 주연급 메뉴가 가득하다. 새우튀김이나 전갱이 튀김 등의 튀김류도 풍성하다. A, B, C 세 가지 종류 중에서 선택하는 정식이 주문의 기본이다. 인기 메뉴인 고기 요리와 튀김이 조합된 구성이라 어떤 것이든 만족도가 높다. 더 먹고 싶다면 추가 주문도 가능하다. 우선은 정식을 기본으로 시키고 취향에 따라 추가 요리를 고르는 것이 이 가게를 제대로 즐기는 방법이다.

(오른쪽) 질 좋은 소고기를 장기 숙성한 데미글라스 소스로 푹 고아낸 명물 '단시추'. (아래) '가쓰돈' 등도 인기가 많다.

since **1887** 니가타

세키요켄 関洋軒

新潟県新発田市中央町 3-11-9

노포 양식당의 정석 | 녹아내리는 '단시추'

시바타新発田 시청 뒤편, 과거에 저잣거리로 번성했던 시가지에 자리 잡은 세키요켄은 1887년에 개업한 노포 양식당이다. 시바타 시민들에게는 이미 유명한 식당으로, 선대는 니가타시에서 가장 오래된 양식당 '이탈리아켄*イタリア軒*'에서 수련한 후 본가에 돌아와 솜씨를 발휘했다. 햄버그나 새우튀김 등의 양식부터 가쓰돈은 물론이고, 개업 당시부터 원년 메뉴인 스키야키까지 폭넓은 메뉴를 갖추고 있다. 간판 요리인 '단시추*タンシチュー*(텅 스튜, 소혀가 들어간 스튜)'는 집어들면 으스러질 만큼 부드러운 육질이 특징이다.

서양식 건물 외관이나 차분한 인테리어 등 식당의 어느 곳을 프레임에 담아도 작품이 될 만큼 아름답다. 노포 양식당의 정석이라고 부르기에 부족함이 없는 이곳의 멋까지 꼭 음미하기 바란다.

(오른쪽) 오므라이스와 하야시라이스가 세트로 구성된 '하프&하프'. (아래) 원래는 메뉴판에 없던 '옛날식 가쓰돈'.

since 1909 　이시카와
레스토랑 지유켄 レストラン自由軒
石川県金沢市東山 1-6-6

대중식당·레스토랑　세키요켄 — 레스토랑 지유켄

가나자와의 정수를 잇다 | 게이샤가 사랑한 요리의 맛

　　에도시대에 번성한 자야茶屋(찻집) 문화가 지금까지 남아 있는 가나자와의 히가시차야마치ひがし茶屋街. 격조 높은 자야 건물들이 늘어선 거리의 한 모퉁이에 유독 눈길을 끄는 서양식 석조 건축물이 있다. 바로 1909년에 창업한 레스토랑 지유켄이다.

　　간판 메뉴는 '오므라이스オムライス'. 일반적인 케첩 맛이 아니라, 푹 졸인 간장 베이스의 달콤 짭짤한 소스를 밥과 함께 볶아 반쯤 익힌 달걀로 감싼다. 또한 게이샤의 요청으로 탄생했다는 '옛날식 가쓰돈'은 데친 양배추와 생오이 아래에 바삭하게 튀긴 소고기 히레카쓰가 숨어 있는 메뉴다. 개업 당시부터 게이샤에게 사랑받던 이 식당만의 고유한 맛을 즐기며 귀한 호사를 경험해보자.

입구에 있는 냉장 쇼케이스(오른쪽 아래)에서 반찬을 고르거나 가게 안의 메뉴판을 보고 주문한다. 취향에 맞춘 나만의 정식을 만들어보자.

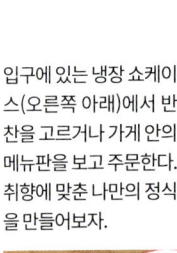

since 1906 　아이치
히노데스시 식당 日の出寿し食堂
히노데스시쇼쿠도
愛知県一宮市本町 3-4-1

정겨운 얼굴과 두터운 포용력 | 상점가의 명물 식당

　메이테쓰이치노미야名鉄一宮역에서 도보 약 7분. 혼마치 상점가 한편에 자리한 히노데스시 식당은 1906년에 창업한 대중식당이다. 옛날식 건물에 음식 모형이 늘어선 쇼윈도와 단자쿠(단책, 종이나 나무로 된 팻말)에 손수 적은 다채로운 메뉴가 꽤 조화롭다. 상점가 한편에서는 단골들이 잇따라 노렌을 들추며 입장하는 모습도 볼 수 있다.

　가게 이름에 '스시'가 들어갔지만, 이곳에서는 현재 스시를 팔지 않는다. 시대와 함께 메뉴도 변화해 지금은 밥과 술에 두루 어울리는 반찬류가 중심을 이룬다. 입구 바로 옆의 냉장 쇼케이스에는 생선조림, 생선구이, 비엔나소시지 등 항상 스무 가지 이상의 반찬이 가득하다. 손님은 셀프로 원하는 찬을 골라 자리에 앉으면 된다. 고른 상품은 가게에서 다시 데워주기 때문에 따끈따끈한 상태로 맛볼 수 있는 점도 좋다.

쇼윈도 속 음식 샘플과 손수 적은 메뉴 팻말만 보아도 메뉴 구성이 얼마나 풍부한지 알 수 있다. 히노데스시 식당의 볼거리 중 하나.

대중식당 · 레스토랑

히노데스시 식당

추억의 식당 풍경

전쟁 이후에 재건된 모습. 당시에도 메뉴의 다양한 가짓수가 이곳의 특징이었다.

    쇼케이스 안의 반찬들 이외에도 밥과 국, 볶음 요리 등의 메뉴도 풍성하다. 그중에서 가장 인기인 것이 '오늘의 런치日替わりランチ'다. 냉장 반찬이나 단자쿠에 적힌 메뉴 중에서 그날의 추천 요리를 조합한 상차림이 매일 많은 손님을 이곳으로 이끈다.

    일식, 양식, 중식 메뉴를 두루 갖춰 동네 어르신과 직장인, 가족 단위 손님까지 고객층이 폭넓다. 누구나 자신의 취향에 맞는 한 접시를 만날 수 있는 포용력이 이 식당의 매력이자, 오랜 세월에 걸쳐 사랑받아온 이유이기도 하다.

    오래된 외관과 '스시'라는 가게 이름 때문에 첫 방문 손님에게는 진입 장벽이 다소 높게 느껴질 수도 있다. 하지만 한 걸음만 내딛으면 온기 가득한 레트로 감성 공간이 반겨줄 테니, 가벼운 마음으로 노렌 안으로 들어가보면 어떨까.

(오른쪽) B 런치는 새우튀김, 햄버그, 나폴리탄에 샐러드와 밥이 함께 나온다. 명물들만 모인 알찬 세트.

since 1911 | 미에
레스토랑 나카쓰켄 レストラン 中津軒
三重県津市中央 5-5

클래식한 공간 속에서 | 계승되는 양식 문화

쓰조津城 옛터에서 조금 걷다 보면 쓰시의 중심부에 자리한 레스토랑 나카쓰켄이 나온다. 1911년 초대 사장 나카타 도요마로 씨가 아내의 고향인 쓰시에서 창업한 것이 시초였다. 쇼와 시대 초기에는 레스토랑과 함께 나카쓰켄 호텔로도 영업했지만, 전쟁으로 소실되었다. 그 후 지금 자리에 식당을 세워 양식당으로 재출발했다.

현재의 건물은 지어진 지 50년이 넘었지만, 시크한 외관과 달리 가게 안은 고풍스러운 스타일로 통일되어 있다. 중후한 나무 테이블, 차분한 조명, 벌레를 쫓기 위해 매달아둔 녹나무 조각, 그리고 과거에 밥값 대신에 화가가 남긴 그림 등 곳곳에 역사와 기억이 새겨져 있다.

나카쓰켄은 쓰 지역을 대표하는 양식당으로 유명해서 점심때는 대기 줄이 늘어설 만큼 인기가 많다. 대표 메뉴는 A와 B 두 종류의 런치 세트. A는 커틀릿, B는 새우튀김을 중심으로 인

명물 '메아베아'. 걸쭉하고 진한 향이 일품인 데미글라스 소스 맛으로 어른들 입맛에 잘 맞는다.

추억의 식당 풍경

호텔과 레스토랑이 함께 있던 시절의 성냥갑. 레트로 스타일의 로고가 인상적이다.

전쟁으로 사라진 나카쓰켄 호텔. 사진과 전단지가 당시의 모습을 전해준다.

대중식당 · 레스토랑

레스토랑 나카쓰켄

기 품목을 한 그릇에 담은 알찬 구성이다.

명물 '메아베아ㄨㅈㅅㅈ(다른 식당에서는 '미야비야라고 부르기도 한다)'도 빼놓을 수 없다. 고기와 양파를 데미글라스 소스로 볶아 오븐에서 구워낸 후 달걀프라이를 올린 이 요리는 도카이 지방의 일부 음식점에서만 전수되고 있다. 이름의 유래나 발상은 밝혀지지 않았지만 나카쓰켄에서도 그 맛이 대대로 이어져 내려온다. 밥과 술에 모두 잘 어울리고 다른 음식과의 궁합도 좋은 요리다.

양식의 정석인 '오므라이스'나 겨울 한정인 마토야的市 굴(미에현 브랜드 굴) 요리 등 매력적인 메뉴가 가득하다. 방문할 때마다 새로운 맛을 발견하게 되는 식당이다.

가쓰오부시, 파, 도로로콘부가 올라간 명물 '유도후'와 밥도둑 '사바미소(고등어 미소조림)'는 술과 밥에 모두 잘 어울리는 요리다.

since 1913　히로시마
모리타 식당 森田食堂
모리타쇼쿠도
広島県呉市中央 1-9-3

창업 후 100년이 넘게 지켜온 맛 | 구레를 대표하는 대중식당

　JR 구레吳역에서 도보 1분. 중심가 한편에 자리한 모리타 식당은 1913년에 개업한 대중식당이다. 가게앞에 놓인 약 20여 가지 반찬 중에서 취향대로 원하는 것을 고르고, 밥과 미소시루만 추가하면 나만의 정식이 완성된다. 대표 메뉴를 꼽자면 '유도후湯豆腐'다. 두부 위에 가쓰오부시와 도로로콘부(다시마를 실처럼 얇게 깎은 것), 파채를 듬뿍 얹은 요리로, 육수의 감칠맛이 온몸에 스미는 깊고 진한 맛이다. 그 밖에 우동과 돈부리가 인기이며 주류도 판매한다. 반찬을 안주 삼아 맥주나 일본주를 즐기는 단골 손님들도 자주 보인다.

　구레시는 영화 〈이 세상의 한구석에この世界の片隅に〉의 배경이기도 한데, 영화 팬들이 '성지 순례' 삼아 이곳에 찾아오기도 한다.

바삭한 돈가스와 밥에 가득 부어진 데미글라스 소스의 맛이 절묘하게 어우러지는 '가쓰라이스'. (아래) 반찬으로 후쿠진즈케(채소절임)를 곁들인다.

대중식당·레스토랑

모리타 식당 / 가네토 식당

since **1892** 무렵 에히메

가네토 식당 かねと食堂
가네토쇼쿠도

愛媛県今治市室屋町 1-2-16

지역 주민에게 사랑받는 소문난 맛집 | 일식과 양식이 한데 모인 풍성한 메뉴

가네토 식당은 에히메현 이마바리시 중심부에 있는 이마바리 항선 주변의 식당으로, 메이지시대부터 130년 이상에 걸쳐 지역 주민들에게 사랑받고 있다. 상호명 가네토는 창업주 '가네키치'와 '도모키치'의 이름을 조합하여 지은 것. 처음에는 우동집으로 시작했지만 양식당에서 수련한 4대 사장이 메뉴를 확장했다. 명물은 우동과 소바 등의 면 요리, 그리고 밥 위에 커틀릿을 얹고 진한 데미글라스 소스를 듬뿍 끼얹은 '가쓰라이스カツライス'다. '오므라이스' 등의 양식도 인기가 많으며, 상시 50가지 이상의 메뉴로 운영한다. 런치, 디너뿐만 아니라 술자리로도 폭넓게 이용할 수 있어서 시간대를 불문하고 지역 단골손님들로 북적인다.

(위) '마루텐'은 두께가 남달라 만족스럽다. (오른쪽) '가쓰돈'은 규슈 특유의 달착지근한 맛이 특징이다.

가도야 식당 かどや食堂
가도야쇼쿠도
福岡市博多区美野島 1-12-9

since 1920 | 후쿠오카

미노시마 한 모퉁이에서 100년 | 하카타의 옛맛 대중식당

하카타博多역에서 도보 약 15분, 미노시마美野島 상점가 모퉁이에 위치한 가도야 식당은 1920년에 창업했다. 현지에서 오랜 세월 사랑받은 이 가게는 오른쪽 카운터에서 주문을 하고 자리에 앉아서 요리를 기다리는 방식으로 운영한다.

메뉴는 면류, 돈부리, 정식 등 여러 가지가 있다. 그중에서도 인기 있는 '가쓰돈かつ丼'은 규슈 특유의 달착지근한 간장을 사용해 지친 몸에 싹 스며드는 소박한 맛을 낸다.

출출할 때는 부담 없이 한 개부터 주문할 수 있는 '마루텐まる天(둥글넓적한 어묵튀김)'도 추천한다. 위장도 마음도 채워주는 뜨뜻한 맛이다. 100년 이상 같은 곳에서 계속 영업 중인 이곳은 하카타의 그리운 옛 시절의 기억을 불러일으키는 존재다.

(오른쪽) 쇼와 30년대부터 이어서 사용 중인 육수에 히라도산 식재료를 듬뿍 넣은 '히라도 짬뽕'. (아래) 추억의 맛 '야키메시(볶음밥)'.

대중식당 · 레스토랑

가도야 식당 | 식당 이치라쿠

since 다이쇼시대 　나가사키

식당 이치라쿠 めしどころ一楽
메시도코로 이치라쿠

長崎県平戸市木引田町 477

히라도 짬뽕의 성지 | 다리 옆의 대중식당

 히라도대교平戸大橋를 건너 자동차로 약 3분, 오란다바시라고도 불리는 국가 지정 중요 문화재 사이와이바시幸橋(행복다리) 바로 옆에 세워진 메시도코로 이치라쿠. 창업 연도는 분명하지 않지만 다이쇼시대에 문을 연 식당이다. 히라도 지역에 이어져 내려오던 짬뽕 레시피에 '히라도 짬뽕平戸ちゃんぽん'이라는 이름을 붙여 전파시킨 가게로도 유명하다. 가장 인기가 많은 '히라도 짬뽕', 날치를 사용한 '아고 짬뽕あごちゃんぽん', 곱창을 넣은 '모쓰 짬뽕もつちゃんぽん' 등 열 가지 이상의 짬뽕 메뉴를 갖추었다. 짬뽕 이외에도 튀김이 포함된 각종 정식과 돈부리, 우동, 볶음밥, 카레 등 다채로운 메뉴로 가득하다. 주류도 다양해 이자카야처럼 술자리를 위해 방문할 수도 있다. 히라도의 목 좋은 식당에서 명물 요리의 맛을 음미해보자.

미니 특집 그 첫번째

노포 찻집
도쿄·오사카의 깃사텐

강산이 바뀌어도 변하지 않는 맛과 분위기로 손님을 맞이하는 노포 깃사텐이 있다. 그곳에는 커피와 명물 메뉴는 물론 그 공간에서만 느낄 수 있는 무언가가 있다. 정겨운 공간에서 맛보는 차 한잔과 요리 하나. 메이지시대, 다이쇼시대에 창업하여 도쿄와 오사카라는 양대 대도시에서 오랜 세월 사랑받은 개성 만점의 깃사텐 네 곳을 방문했다.

덴키야 홀 デンキヤホール

다카세 이케부쿠로 본점 タカセ 池袋本店

오사카

제로쿠 혼마치점 ゼー六 本町店

히라오카 커피점 平岡珈琲店

since 1903 도쿄

덴키야 홀 デンキヤホール
덴키야호루

東京都台東区浅草 4-20-3

(왼쪽) '유데아즈키'는 도카치산 팥을 3일간 끓여서 만든 따끈한 음료다. 소박한 단맛에 자꾸만 찾게 된다. 요즘은 차가운 음료로도 판매한다. (오른쪽) '유데아즈키는' '아사쿠사 3대의 맛' 중 하나라고 소개하는 안내문.

명물 '오무마키'는 야키소바를 달걀지단으로 감싼 요리다. 시치미(일곱 가지 양념으로 만든 조미료)로 간을 맞추는 것도 재미있다.

가게 안에는 분홍색 공중전화 등 쇼와시대의 레트로 장식품들이 있다.

아사쿠사 센조쿠도리千束通リ 상점가의 일각에 있는 덴키야 홀은 1903년에 창업한 노포 깃사텐이다. 원래는 전자제품 수리를 하는 덴키야(전자제품 전문점)라는 이름으로 영업했지만, 전쟁 중에 지금의 찻집 스타일로 바뀌었다. 당시 유행하던 밀크 홀(우유와 간단한 음식을 파는 음식점)과 덴키야의 이름을 합쳐 덴키야 홀이라는 상호명이 탄생했다.

이곳의 명물은 야키소바를 얇게 부친 달걀로 감싼 '오무마키オムマキ'와 단맛 애호가들이 좋아하는 '유데아즈키ゆであずき(삶은 단팥, 여기서는 음료로 제공)'다. 가게 안에는 아케이드 게임기를 테이블로 사용하는 좌석과 과거에 일본에서 쓰던 분홍색 공중전화가 있어 쇼와시대 분위기가 물씬 풍긴다. 향수를 불러일으키는 공간에서 추억의 맛과 시간을 즐길 수 있는, 아사쿠사다운 식당이다.

since 1920 도쿄
다카세 이케부쿠로 본점 タカセ 池袋本店
다카세 이케부쿠로혼텐

東京都豊島区東池袋 1-1-4

(왼쪽 위) 2층 찻집 입구. (오른쪽 위) 아침 메뉴로 인기가 많은 '피자 토스트'. (왼쪽) 요즘은 보기 드문 레트로 케이크 '사바란'.

3층 레스토랑은 메뉴가 양식 중심으로 구성되어 있다. 메뉴판도 레트로 스타일이다.

　이케부쿠로池袋 동쪽 출구에서 도보 1분, 1920년에 창업한 다카세는 역 앞에 자리한 상징적 존재다. 단팥빵 전문점으로 시작했다가 지금은 빵과 디저트를 중심으로 영업 중이다. 본점의 2층은 찻집, 3층은 레스토랑, 9층은 커피 라운지로 운영되며 다카세가 자랑하는 메뉴들을 직접 맛볼 수 있다. 9층에서는 이케부쿠로의 경치를 한눈에 내다볼 수 있는 점 또한 매력적이다.
　여러 명물 메뉴가 있지만, 특히 추천하는 것은 '사바란サバラン(사바랭, 프랑스 과자의 하나)'이다. 럼주와 시럽에 절인 어른의 맛을 즐길 수 있는 옛날식 케이크다. 클래식한 공간에서 맛보니 그 맛이 한층 살아난다. 다른 곳에서 보기 드문 메뉴이니 꼭 현지에서 음미해보기 바란다.

since 1921 오사카
히라오카 커피점 平岡珈琲店
히라오카코히텐
大阪府大阪市中央区瓦町 3-6-11

미니 특집 그 첫번째 — 노포 찻집 · 도쿄 · 오사카의 깃사텐

(왼쪽) '백년 커피白年珈琲'와 수제 도넛. 도넛 레시피는 긴자의 '카페 파울리스타カフェーパウリスタ'에서 전수받았다. (오른쪽) 3대 점주 오가와 기요시 씨.

(왼쪽) 셰이커로 급랭시키는 명물 '냉제 커피'. (오른쪽) '아이스 백년 커피'.

추억의 찻집 풍경

1933년경의 가게 안 모습. 오른쪽 흰색 조리사복을 입은 사람이 창업주 주지로 씨다. 왼쪽 안경 쓴 소년이 2대 점주인 히로시 씨.

오사카의 중심지인 혼마치의 상업지구 한편에 고요히 자리 잡은 히라오카 커피점. 1921년, 창업주 오가와 주지로 씨가 긴자에서 맛본 커피에 매료되어 오사카에서 개업했다. 간사이에 커피 문화를 널리 알린 시초격 커피숍이다.

명물은 가게에서 직접 배전한 오리지널 블렌드 커피와 수제 도넛. 아이스커피는 두 가지 종류가 있는데, 셰이커로 급속 냉각하는 '냉제 커피冷製コーヒー'는 이곳에서만 맛볼 수 있는 귀한 메뉴다. 인기가 많은 도넛은 하루에 70개 한정이니 서둘러 방문하는 것이 좋다. 가게 안에는 커피를 내리는 소리와 손님들의 대화 소리뿐. 맛있는 커피를 조용히 음미할 수 있는 마음 편한 공간이다.

since 1913 　오사카
제로쿠 혼마치점 ゼー六 本町店
제로쿠 혼마치텐
大阪府大阪市中央区本町 1-3-22

명물인 '아이스 모나카'는 유지방이 적어 깔끔한 맛이다. 테이크아웃으로 한 번에 많이 사가는 단골손님도 많다.

옛날 그대로의 맛과 공간으로, 지역 주민들이 오랫동안 애용해온 이유를 엿볼 수 있다.

　　쇼와시대의 정취가 남은 상업지구 사카이스지혼마치堺筋本町역에서 도보 5분 정도, 오사카 주오구 구청 인근에 세워진 제로쿠 혼마치점은 1913년에 창업한 노포 깃사텐이다. 원래는 화과자를 만들던 곳이었는데, 쇼와시대 초기에 아이스크림 제조를 시작했다. 전쟁 이후에는 찻집으로 영업을 개시했다.

　　공습 피해가 컸던 지역이지만, 구청과 함께 가까스로 소실을 면한 제로쿠 건물은 지금도 당시의 모습을 간직하고 있다. 목조 외관과 클래식한 인테리어를 보면 전쟁 이전의 분위기가 느껴진다. 가게 안에는 자리가 몇 개 되지 않아 아담한 편이며, 차분한 분위기에서 커피와 함께 명물 '아이스 모나카アイスモナカ'를 즐길 수 있다.

3부 지역마다 가게마다
다른 개성 있는 면 요리
우동 · 소바

우동과 소바는 지역에 뿌리내린 맛으로 오랫동안 사랑 받아왔다. 국물의 맛과 면의 식감, 담음새와 그릇, 먹는 방법 등 지역마다 다른 특색을 지녔다. 우동과 소바를 중심으로, 플레이팅과 맛에 대한 연구가 돋보이며 개성적인 면 요리를 제공하는 노포들을 방문해보자.

(오른쪽) 반죽에 말차를 넣어 겉모습까지 산뜻한 '자소바'. (아래) 면 반죽에 달걀이 들어가는 '란기리소바'는 아즈마야 전통의 맛.

since 1874　홋카이도
지쿠로엔 아즈마야 총본점 竹老園 東家総本店
지쿠로엔 아즈마야소혼텐
北海道釧路市柏木町 3-19

100년이 넘은 전통의 맛 | 구시로 인근의 원조 맛집

　JR 구시로釧路역에서 차로 약 7분. 하루토리 호숫가 근처에 펼쳐진 한적한 주택가에 아즈마야 총본점이 운치 있게 자리해 있다. 1874년 초대 사장 이토 분페이 씨가 오타루에서 개업한 소바 가게 '야마나카やまなか'가 이 식당의 모태다. 1927년 2대 사장 이토 지쿠지로 씨가 지금의 자리에 집을 짓고 은퇴 후의 삶을 보내다가, 소바 장인의 길을 단념하지 못하고 아즈마야 총본점이라는 이름으로 가게를 열었다. 1932년에는 부지 안의 정원에 지쿠로엔이라는 이름을 붙이고 아즈마바시東橋라는 홍예다리도 설치하여 맛뿐만 아니라 마음까지 채워주는 공간으로 오래 사랑받았다.

　식당을 운영한 오랜 세월 동안 많은 명물이 탄생했는데, 특히 유명한 것이 '란기리소바蘭切り そば'와 '자소바茶そば'다. '란기리소바'의 란蘭은 계란의 '란' 발음에서 따온 글자로, 면 반죽에 달

(위) 단촛물과 생강 맛이 살아 있는 '소바스시'.
(오른쪽) 닭고기의 감칠맛이 온몸에 스미는 '가시와누키'.

1927년, 완공 당시의 누마노하타 아즈마야沼ノ端東家(지쿠로엔).

눈으로 뒤덮인 지쿠로엔도 장관이다. 눈이 적은 구시로 지방에서는 보기 드문 귀한 풍경.

갈을 넣어 탱탱한 식감이 특징이다. '자소바'는 향긋한 우지宇治(교토 남부의 도시) 말차를 넣은 선명한 초록색 소바로, 식감도 향기도 산뜻하다. 그 밖에 단촛물이 들어가는 '소바스시そば寿司'나 육수에 닭고기의 감칠맛이 응축된 '가시와누키かしわぬき(가시와소바의 국물)'도 인기다. 구시로를 중심으로 종종 눈에 띄는 초록색 소바는 이 식당에서 시작하여 일대로 전파된 것이다. 도쿄의 노포 소바 가게 '간다 야부소바かんだやぶそば'를 모방하여 시작한 방식으로 메밀의 어린잎을 넣어 녹색을 낸 것이 시초라고 한다. 지금은 클로렐라를 써서 색을 낸다.

    구시로 지역을 대표하는 독특한 소바인 '구시로소바釧路そば'는 2023년에 일본 문화청으로부터 '백년 푸드'로 선정되었다. 고요한 일본 정원을 바라보면서 100년 넘게 이어져온 구시로의 맛을 즐겨보자.

'완코소바' 주문 시의 기본 세팅. 많은 반찬들과 함께 소바를 먹어보자. 다 먹으면 그릇 수가 증명서에 기재된다.

since 1907 | 이와테
소바 식당 아즈마야 そば処 東家
소바도코로 아즈마야
岩手県盛岡市中ノ橋通 1-8-3

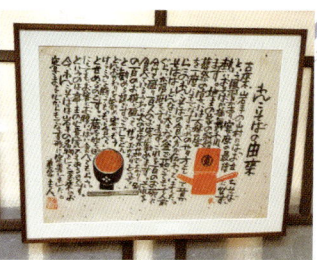

'완코소바'의 대표 식당 | 아즈마야에서 경험하는 모리오카의 맛

    1907년 창업한 소바도코로 아즈마야는 이와테현 모리오카시의 나카노하시도리에 위치해 있다. 모리오카 성터와 모리오카 버스 센터에 인접한 이 지역은 돌다리와 오래된 상점들, 문화적 건축물들이 곳곳에 있어 모리오카의 옛 정취를 느끼게 해준다.

    소바도코로 아즈마야는 모리오카 명물 '완코소바 わんこそば(작은 그릇에 한입 분량의 소바를 담아 손님이 배부를 때까지 리필해주는 요리)'의 대명사격으로 전국에 알려져 있다. 특히 1980년대에 도호쿠신칸센 개통을 계기로 모리오카 지역 일대에서 즐겨 먹던 '완코소바'를 관광 자원으로서 널리 알린 중추적 존재가 되었다.

    쇼와시대 초기의 상가를 개조한 본점에는 1층에 일반 식사용 테이블석이 있고, 2층에는 '완코소바' 전용석이 마련되어 있다. 2층은 '완코소바'에 도전장을 내밀러 온 손님을 맞이할 준비가

한입 분량으로 그릇에 담긴 소바가 방으로 운반되고, 기세 좋은 구호와 함께
잇달아 빈 그릇을 채운다. 뚜껑을 덮는 것이 종료를 알리는 신호다.

매장에서 선물용 소바도 판매한다. 그릇이 포함된 '집에서 완코소바' 세트도 있다.

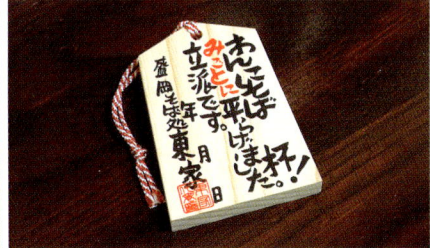

완벽하게 되어 있으며, '완코소바'를 시키자마자 그릇과 함께 파, 고추냉이 등 일반적인 향신채 외에도 참치회, 무즙을 섞은 나메코버섯, 닭고기 소보로, 김, 참깨 등이 함께 나온다. 이윽고 점원이 국수를 가져오면 식사가 시작된다. "하이 잔잔, 하이 돈돈(네, 자자, 계속 계속)!" 하는 점원의 기세 좋은 기합과 함께 작은 그릇에 한입 소바가 리드미컬하게 차례차례 투하된다. 15그릇이 약 1인분의 가케 소바かけそば(소바에 뜨거운 장국을 부어 먹는 요리) 양으로, 성인이라면 평균 50~70그릇 정도는 먹을 수 있다. 100그릇 이상을 먹어 치운 사람에게는 기념으로 '완코소바 증표(나무패)'를 수여한다. 자칫 더 많은 그릇 수를 기록하려고 과욕을 부리기 쉽지만, 적당히 배부를 만큼만 먹고 모리오카를 산책할 여력을 남겨두는 것이 '완코소바'의 진수라고 할 수 있겠다.

간판 메뉴 '미미우동'. 주인공인 '귀'에 가마보코, 다테마키伊達巻き(다진 생선살에 달걀을 섞어 소용돌이 모양으로 돌돌 만 것), 가니카마かにかま(게맛살), 나루토なると(다진 생선살을 돌돌 만 것) 등 풍성한 재료를 넣은 요리다.

since 1907 도치기
노무라야 본점 野村屋本店
노무라야혼텐

栃木県佐野市相生町 2819

음식으로 전하는 향토의 지혜 | 입에서 입으로 이어진 '미미우동'

JR 도부철도東武鉄道의 사노佐野역에서 도보 약 8분. 국도 67호선의 교차로 모퉁이에 자리 잡은 노무라야 본점은 1907년에 개업한 노포다. 명물은 이름을 듣기만 해도 바로 인상에 남는 '미미우동耳うどん(귀 우동이라는 뜻)'. 매장 안에 들어서면 이미 많은 손님들이 '미미우동'을 주문하고 있다. 이 특이한 우동은 사노시에서 옛날부터 정월에 먹던 향토음식이다. 가게 안에 적힌 안내에 따르면 "악한 신의 귀를 먹어치우면 우리 집 이야기가 들리지 않아 1년을 무탈히 지낼 수 있다. 인간관계도 원만해진다" 하는 전설에 기반한 것이라고 한다.

'미미우동'은 이름처럼 귀 형태를 본뜬 우동이다. 한 변이 약 5cm인 정사각형 반죽을 접어 수제비나 만두 같은 모양으로 만든 '귀'가 주인공 역할이다. 여기에 가마보코 등 다양한 재료를 곁

매장 안쪽을 메운 수많은 사인들이 매체에도 자주 소개되는 유명 식당이라는 점을 증명한다.

(위) 그야말로 귀 그 자체! 악한 신의 귀를 본뜬 독특한 모양이 인상적이다. (아래) 이 식당에서 감수한 시판 제품도 있다.

들인 후 간장 베이스의 육수에 표고버섯과 유자의 향을 더하여 풍성한 맛을 낸다.

   노무라야 본점에서는 일본식 기본 육수뿐만 아니라 미소맛, 곱창맛, 카레맛 등 다양한 맛의 우동 국물을 마련해놓았다. 기호에 따라 맛을 고를 수 있는 데다가 그날의 기분에 맞게 새로운 맛에 도전하면서 무탈한 한 해를 기원하는 것도 이 가게만의 매력이다. 또한 토속적인 지혜로부터 탄생한 요리를 맛보며 그 배경에 담긴 문화를 배울 수 있다는 점 또한 이곳의 묘미라고 할 수 있다. '미미우동' 뿐만 아니라 같은 향토음식인 '무 우동大根うどん'을 비롯해 각종 소바, 우동, 돈부리 등 다채로운 메뉴를 갖춰 기분과 취향에 맞게 선택하는 즐거움도 빼놓을 수 없다.

83

명물 '니쿠쓰유우동'. 굵은 면을 진한 쓰케지루에 적셔 먹는 요리다. 기본 양인데도 300g이나 돼서 한 끼를 배불리 먹을 수 있다.

since 에도시대 말기 | **사이타마**

고쿠야 こくや(古久や)
埼玉県飯能市八幡町 6-9

(위) 중후한 역사가 느껴지는 옛 '한노마치飯野町' 시절의 음식점 조합 나무 명패.

굵직한 우동과 고기 장국 | '무사시노우동'으로 유명한 맛집

　세이부철도西武鉄道 한노飯能역에서 도보 약 8분. 역 앞 상점가를 빠져나온 곳에 에도시대 말기에 창업한 노포 우동집 고쿠야가 있다. 원래 곡물 가게였던 터라 가게 이름도 거기에서 유래했다('고쿠'는 곡물 용량 단위). 이곳에서는 사이타마 북부부터 도쿄 다마多摩 지역에 걸쳐 즐겨 먹는 '무사시노우동武蔵野うどん'을 판다. 굵직하고 탄력 있는 우동을 진한 쓰케지루つけ汁(면을 찍어 먹는 장국)에 적셔 먹는 것이 특징이다. 고쿠야에서 가장 인기 있는 메뉴는 '니쿠쓰유우동肉つゆうどん'으로, 짭조름한 삼겹살이 들어간 쓰케지루는 굵직한 면만큼이나 존재감이 있어 식사가 심심하지 않다.

　식당 건물은 1927년에 지어진 목조 건축물로 쇼와시대 초기 스타일이 짙게 남아 있다. 운치 있는 공간에서 맛보는 우동은 기억에 오래 남을 만큼 특별한 한 그릇이 될 것이다.

우동·소바 / 고쿠야 — 도시마야

카레 단품이 아닌, '라이스 카레와 소바 세트'. 노란 옛날식 카레를 정성으로 만들어낸다.

since 1892 도쿄

도시마야 東嶋屋
東京都台東区竜泉 1-29-3

추억을 자극하는 깊은 맛 | 소바 식당의 명물 '라이스카레'

지하철 이리야入谷역에서 도보 5분. 옛 마을 풍경이 남아 있는 주택가 한편에 자리한 도시마야는 1892년에 개업한 노포 소바 식당이다. 소바를 팔지만 카레라이스 맛집으로도 유명하다.

명물은 '라이스카레ライスカレー'. 향신료나 일본식 육수로 맛을 내는 여느 카레와는 달리 어딘가 추억을 자극하는 은근한 맛이 독특한 매력을 뽐낸다. 유명세를 접하고 찾아오는 팬들도 많으며, '세상에서 가장 맛있는 소바집의 카레라이스'라 불리기도 한다. 노란 빛을 띤 이 카레에는 라드(돼지기름)가 사용되고, 주문이 들어올 때마다 한 그릇씩 조리하는 것이 특징이다. 붐비는 시간대에는 요리가 나오기까지 시간이 좀 걸리지만, 기다리는 시간조차도 이 카레의 매력이지 않을까.

(위) '세이로소바'와 계절 한정 '덴푸라'. 소바의 향과 식감을 충분히 만끽할 수 있다. (아래) 차분한 1층 공간.

since 1880 도쿄
간다 야부소바 かんだ やぶそば
東京都千代田区神田淡路町 2-10

화재를 극복하고 되살아난 가게 | 전통을 지키는 '야부소바'의 본가

지하철 간다아와지초神田淡路町역에서 도보 2분, JR 간다神田역에서도 도보권 안에 있어 입지가 좋은 간다 야부소바는 1880년에 개업한 노포 소바 식당이다.

도쿄 네즈根津에 있었다는 소바 식당 쓰타야蔦屋의 계보를 잇고 있으며, 대나무숲에 둘러싸여 있었던 데에서 '야부소바(일본어로 대나무숲을 '다케야부' 또는 '야부'라 함)'라 불리게 되었다. 쓰타야가 메이지시대 말기에 폐업한 후에도 본가라는 이름답게 그 맛을 계승해왔다.

창업 이래 간토 대지진과 제2차 세계대전을 극복하며 2001년에는 역사적 건축물로 지정되었지만, 2013년에 화재로 전소되고 말았다. 그러나 이듬해인 2014년에 재건하여 지금까지 건재해 있다. 재건 후에도 불에 타지 않은 쓰리안돈釣り行燈(상점 앞에 매달아두는 등)과 울타리 등 일본식 가옥의 정취가 남아 있어 전통을 전하고 있다.

이곳의 명물은 뭐니 뭐니 해도 '세이로소바せいろうそば(찜기에 얹어 나오는 소바, '세이로'는 찜기

달걀말이, 표고버섯, 박고지를 넣고 김에 싼 '소바스시そばずし' 등, 전통의 맛을 잇는 요리들도 풍부하게 갖췄다.

향과 색으로 매혹하는 전통 '세이로소바'

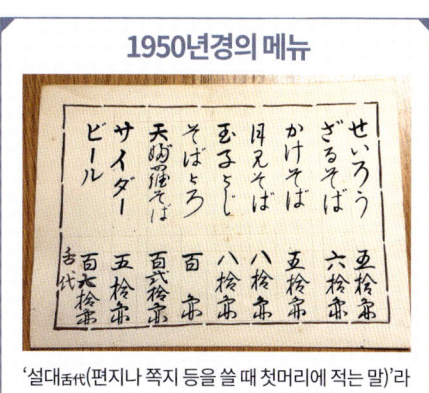

1950년경의 메뉴

'설대舌代(편지나 쪽지 등을 쓸 때 첫머리에 적는 말)'라고 적힌 메뉴판에서 옛 멋이 느껴진다.

를 뜻함)'. 홋카이도, 아오모리, 나가노 등 각지의 메밀가루를 주재료로 하여 '메밀가루 10 : 밀가루 1'의 배합으로 만드는 구수하고 부드러운 면이 특징이다. 게다가 초대 사장이 여름철에 시원함을 연출하고 싶어서 메밀의 어린잎을 반죽에 섞은 일화를 이어받아 현재는 초록색을 내기 위해 클로렐라를 소량 배합해서 사용한다.

소바의 쯔유는 가쓰오부시와 다시마 베이스의 짭조름하고 진한 맛으로, 면 끝에만 쯔유를 살짝 찍어 먹는 에도식 식사법을 지금도 지키고 있다. 구운 김과 가마보코를 술안주 삼아 사케를 마신 뒤 후식으로 소바까지 마무리하면 '제대로 먹을 줄 아는 사람'이라는 소리를 들을 수도 있다.

이곳 점원들의 친절한 목소리와 접객 태도를 보고 있으면 130년이 넘는 역사가 단순한 레트로 콘셉트가 아닌 '지금도 살아 숨 쉬는 정중한 문화'로 다가온다. 도쿄에서 소바를 먹는다면 결코 빼놓을 수 없는 가게다.

간판 메뉴인 '자루소바ざるそば'와 소바유 그릇. 소바의 손맛과 그릇의 연식에서 노포의 역사가 전해진다. (아래) 육수 향이 솔솔 나는 '오야코돈'도 인기.

since 1800년대 중반 | 도쿄
스나바 총본가 砂場総本家
스나바소혼케
東京都荒川区南千住 1-27-6

남아 있는 에도 소바의 자취 | 전통 상점가에 뿌리내린 유명 맛집

지하철 미노와三ノ輪역에서 꽤 가깝고, 옛날 저잣거리의 풍경이 짙게 남아 있는 조이풀미노와 Joyful三ノ輪 상점가 한편에 1800년대 중반에 개업한 스나바 총본가가 자리해 있다. '스나바砂場'는 '야부藪' '사라시나更科'와 어깨를 나란히 하는 소바 삼대장 중 하나로, 그 본가라고 이름을 내민 것이 바로 이 가게다. 상호명의 유래는 오사카성을 지을 당시로 거슬러 올라간다. 자재보관소, 즉 스나바砂場(모래밭) 근처에 소바 식당을 연 것이 시초였다고 알려지며, 그 전통이 지금의 도쿄에 해당하는 에도까지 전해졌다고 한다.

스나바 총본가는 1800년대 중반에 '고지마치나나초메 스나바후지요시糀町七丁目砂場藤吉'라는 이름으로 창업한 뒤 1912년에 미나미센주南千住로 이전했다. 지금의 건물은 1954년에 재건된 것으로, 역사적 건축물로서 지금도 귀중하게 계승되고 있다. 뾰족한 천장 등 쇼와시대 특유의

우동 · 소바 스나바 총본가

아케이드 상점가를 걷다 보면 돌연 나타나는 목조 건축물에서 역사가 느껴진다.

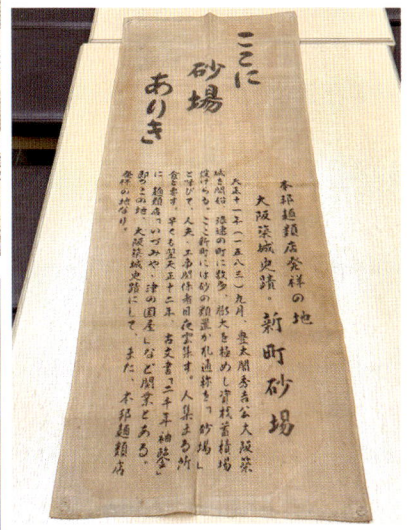

1954년경 완공 당시의 현 건물.

오사카 신마치미나미공원에 세워진 석비 '이곳에 스나바 있었노라ここに砂場ありき'는 스나바소바의 역사적 뿌리를 알려준다.

목조 건축 기술이 곳곳에 남아 있어 일본 건축물의 매력이 물씬 풍긴다.

이곳의 소바는 적당한 탄력의 미끈한 면발이 포인트로 후루룩 부드럽게 넘어가는 최강의 식감이다. 달고 진한 쓰유는 소바를 배달해 먹던 문화에서 생겨났다. 시간이 조금 지나도 맛있게 먹을 수 있도록 고안된 맛이 지금까지 이어지고 있다. 소바의 풍미를 제대로 즐기려면 쓰유에 소바를 과하게 담그지 않는 것이 고수의 노하우. 식후에는 진한 소바유そば湯(소바를 삶은 물)를 쓰유에 부어 에도 시대의 여운을 느긋하게 맛보는 것이 좋다. '하나마키花巻(가케소바에 구운 김을 뿌린 것)'나 '오카메おかめ(소바 위에 부재료들을 일본 가면 모양으로 꾸며 올린 것)' 등 에도의 멋이 느껴지는 소바 메뉴 외에 참깨 기름으로 튀긴 '옛날식 덴푸라'도 인기가 많다. 손맛과 전통이 살아 숨 쉬는 맛을 즐기면서 에도 음식 문화를 체험하는 시간을 보내보자.

(오른쪽) '도로로소바'. (아래) '가모네기돈鴨ねぎ丼(오리고기와 파를 올린 덮밥)'의 작은 사이즈. 명물 메뉴는 작은 사이즈로도 시킬 수 있다. 식탁 위의 채 썬 김을 취향껏 뿌리자.

since 1830~1840년대 도쿄
다카오산 다카하시야 高尾山 高橋家
東京都八王子市高尾町 2209

1800년대에 창업한 소바집 | 다카오산에서 맛보는 '도로로소바'

　다카오산 등산로 입구에 가게를 세운 다카오산 다카하시야는 1830~1840년대에 개업한 여인숙 겸 찻집이 그 기원이며, 운치 있는 소바 식당으로 유명하다. 가게 앞에는 수령 150년이 넘는 감나무가 손님들을 맞이한다. 명물은 '도로로소바とろろそば'. 소화흡수가 좋은 소바에 자양강장에 좋은 도로로とろろ(마를 간 것)를 하나로 합친 요리다. 도로로는 마와 참마를 섞어서 끈끈함과 감칠맛을 겸비한 식감이 특징이다. 여기에 '밭에서 나는 캐비어'라고도 불리는 돈부리とんぶり(댑싸리 열매를 가공한 것)가 맛의 악센트가 된다. 소바에는 메밀가루를 60% 쓰고 도로로와 고급 밀가루를 함께 반죽하여 이곳만의 독특한 풍미가 돋보인다. 등산 전에 든든하게 배를 채우기에도, 하산 후에 피로를 풀기에도 최적의 식당이다.

간 무가 듬뿍 들어간 소바 육수를 호쾌하게 부어주는 '오로시소바'. 무의 적당한 칼칼함이 포인트.

우동·소바

다카오산 다카하시야 — 미쓰이야

since 1837년 | 후쿠이

미쓰이야 三井屋

福井県福井市つくも 2-4-8

19세기의 맛을 전하다 | 후쿠이 소바 문화의 원점

1836년에 창업한 미쓰이야는 후쿠이에서 가장 오래된 수타 소바 가게로 알려져 있다. 재료가 소진되면 문을 닫기 때문에 오픈 직후부터 줄줄이 손님이 찾아오는 인기 식당이다.

대표 메뉴는 '오로시소바おろしそば'. 에치젠소바越前そば(후쿠이산 메밀을 껍질째 갈아 넣은 소바)의 대명사라고 할 만한 존재로, 맵지 않은 무를 듬뿍 갈아 소바 육수와 함께 부어준다. 소바는 취향에 따라 굵은 면, 가는 면을 고를 수 있는 것도 장점이다. 동네에서 탄탄한 인기를 자랑하는 또 다른 메뉴는 '이모카케소바いもかけそば(도로로를 얹은 소바)'다. 간 마인 도로로를 뿌려 몽글몽글한 식감이 특징으로 한 번 먹으면 잊을 수 없는 맛이다. 소바는 모든 메뉴가 아담한 사이즈라서 한 사람이 여러 메뉴를 주문하는 것이 일반적이다. 인기 메뉴를 비교하면서 먹어보는 것도 추천한다.

마쓰바가 원조인 '니신소바'는 소바 위에 '니신보니'를 얹은 교토 명물이다. (오른쪽 아래) 니신은 소바 밑에 깔아서 제공한다.

since 1861 교토
마쓰바 본점 松葉 本店
마쓰바혼텐

京都府京都市東山区
四条大橋東入ル川端町 192

1860년대에 문을 열다 | 교토 니신소바의 원조 식당

게이한본선京阪本線 기온시조祇園四条역 6번 출구 바로 앞, 시조대교四条大橋 근처의 가부키 극장인 미나미자南座 옆에 있는 마쓰바 본점은 1861년에 창업한 소바 식당이다. 지금은 교토 명물이라 불리는 '니신소바にしんそば(가케소바 위에 말린 청어인 '미가키니신'을 얹은 것)'는 2대 사장 마쓰노 요사키치 씨가 고안한 메뉴로, 이 식당이 원조다. 교토에서는 옛날부터 건어물을 단백질 보충용 저장식으로 애용해왔다. 요사키치 씨는 미가키니신과 소바를 조합해 영양 균형이 잡힌 '니신소바'를 교토 사람들에게 널리 알렸다.

마쓰바 본점이 고수하는 전통 레시피는 미가키니신을 달콤 짭짤하게 졸여 뼈째로 먹는 '니신보니にしん棒煮'와, 고급스러운 교토식 육수 향이 향긋한 소바와의 궁합이 절묘하다. 여름의 원기회복에도 안성맞춤이고 교토의 추운 겨울철에 입맛을 돋우기에도 좋아, 사계절 내내 지역 주

미나미자 옆에 위치한 마쓰바 본점. 전통적인 상가 건축물에서 가모카와강을 바라보며 식사를 즐길 수 있다.

추억의 식당 풍경

(위) 당시의 '니신소바'. (오른쪽) 전쟁이 끝난 후에 재건된 마쓰바의 외관 전경.

민과 관광객에게 고루 사랑받고 있다.

　이곳에는 '니신소바' 외에도 '니신보니' '니신마키にしん巻(미가키니신을 다시마로 돌돌 말 것)' '니신마메にしん豆(미가키니신과 콩을 함께 조린 것)' '니신돈にしん丼(미가키니신 덮밥)' 등 다양한 니신 요리를 갖추고 있다. 소바 메뉴도 많아서 '유바이리湯葉入り(두부껍질을 넣은 소바)'나 '가모난반鴨なんばん(오리고기와 파를 넣은 소바)'도 있고, '덴돈' '아나고돈(장어덮밥)' '가쓰돈' 등의 덮밥 종류뿐만 아니라 단품 덴푸라나 달콤한 디저트도 있어 폭넓은 메뉴로 손님들을 행복하게 만든다.

　현재 건물은 1974년에 지어졌는데, 목재와 장지를 쓴 옛날식 인테리어가 편안한 분위기를 자아낸다. 2층 이상의 자리에서는 가모카와鴨川강이나 시조대교 등 교토 시내를 내다볼 수 있어 맛있는 음식과 함께 교토 특유의 경관을 즐길 수 있다. 원조 니신소바의 맛과 교토의 풍경을 동시에 만끽할 수 있는, 교토 방문 시에 꼭 들르고 싶은 곳이다.

육수가 배어든 큼직한 유부와 향긋한 파채가 우동에 다채로움을 선사한다. 발상지격 식당에서 맛보는 '원조 기쓰네우동'.

since 1893 오사카
우사미테이 마쓰바야 うさみ亭マツバ
大阪府大阪市中央区 南船場 3-8-1

기쓰네우동의 발상지 | 오사카 골목의 명식당

신사이바시心斎橋역에서 도보로 7분 정도 걸리는 우사미테이 마쓰바야는 '기쓰네우동きつねうどん'의 발상지인 식당이다. 초대 사장이 1893년, 당시에 고용되어 일을 하던 스시 가게의 폐업을 계기로 독립하여 개업한 것이 시작이었다. 당초에는 유부를 따로 반찬으로 곁들여냈지만, 많은 손님이 유부를 우동에 넣어 먹는 모습을 보고 우동에 미리 얹어서 제공하게 되었다. 이것이 '기쓰네우동'의 기원이라 일컬어진다.

이곳의 우동은 오사카 우동으로는 국물의 간이 센 편으로 달콤 짭짤한 유부와의 궁합이 일품이다. 기업체와 식당들이 한데 섞여 있는 오사카 미나미센바南船場의 골목에 위치해 있어, 소란스러운 관광지로부터 약간 떨어진 차분한 분위기도 매력적이다. 오사카에 왔다면 명물을 맛보기 위해 들러보기 좋다.

걸쭉한 안카케다시에 가마보코, 파드득나물, 시오콘부, 채 썬 유부, 깨소금 등을 보기 좋게 얹은 '사사메우동'.

since **1864** 오사카

아즈마 吾妻

大阪府池田市西本町 6-17

대작가의 아내가 사랑한 맛 | 오사카에서 가장 오래된 명물 우동

오사카부 이케다池田시에 위치한 아즈마는 에도시대 말기인 1864년에 창업하여 오사카에서 가장 오래된 우동집으로 알려져 있다. 명물은 '사사메우동ささめうどん'. 아주 가느다란 우동 면에 걸쭉한 안카케다시あんかけだし(전분을 넣어 걸쭉하게 만든 육수), 가마보코, 시오콘부塩昆布(절인 다시마채) 등 다양한 재료가 올라간다. 알록달록한 식재료의 조화는 보기에도 예쁘고 화려하다.

이 우동을 더없이 사랑한 사람이 바로 문호 다니자키 준이치로의 아내다. 과거에는 '아즈마우동吾妻うどん'이라는 이름이었지만 다니자키 준이치로의 대표작《세설細雪(일본어 발음은 '사사메유키')》의 세계관을 떠올리는 계기가 되었다는 점에서 이후 이름을 '사사메우동'으로 바꾸었다고 한다. 일본 문학의 세계에 흠뻑 젖은 차분한 가게 안에서 명물 '사사메우동'을 꼭 맛보길 바란다.

'와리코 3단 소바'. 이즈모소바는 보통 와리코에 담아 제공한다. 아라키야에서는 3~5단 중에서 고를 수 있으며, 한 단씩 추가도 가능하다.

since 1780년대 | 시마네
아라키야 荒木屋
島根県出雲市大社町杵築東 409-2

가장 오래된 이즈모소바 식당 | 와리코로 즐기는 전통의 맛

　이즈모대사出雲大社에서 도보 5분 정도 걸리는 곳에 위치한 아라키야는 1780년대에 창업하여, 현존하는 가장 오래된 이즈모소바出雲そば 식당으로 알려져 있다. 긴 세월 속에 이어져온 맛과 뛰어난 접근성 덕분에 오픈 전부터 대기 줄이 늘어서는 날이 적지 않은 인기 식당이다.

　에도시대 저잣거리의 정취가 남아 있는 2층 목조 건물은 고요히 그 시절의 기억을 전해준다. 초대 사장 하마무라 사다히라 씨가 옛 아라키무라(현 다이샤마치) 지역 출신이었기 때문에 고향의 이름을 따서 아라키야라는 상호명을 지었다.

　이즈모소바의 특징 중 하나는 히키구루미挽きぐるみ라 불리는 제조법이다. 메밀을 속껍질째 갈아서 거뭇한 색과 강한 향, 단단한 식감을 만들어낸다. 게다가 아라키야에서는 풍미 좋은 시

(왼쪽) '와리코소바'. (오른쪽) '와리코 5단 소바'. 5단 소바에는 덴타마天玉(덴푸라와 달걀), 나메코오로시なめこおろし(나도팽나무버섯과 간 무), 유정란, 도로로가 올라간다.

아라키야 History

(왼쪽 위) 쇼와시대 초기의 식당 외관. (왼쪽 아래) 1950~1960년경, 배달용 소바를 준비하는 주방. (오른쪽 위) 5대 사장 하마무라 호조 씨. (오른쪽 아래) 1965년경 식당 앞에서 종업원들과 찍은 기념사진. (위) 메이지시대에 짊어지고 사용하던 소바 판매용 도구. (아래) 에도시대에 쓰던 소바 상품권.

마네산 메밀가루를 중심으로 사용한다. 쓰유에도 시마네산 우루메이와시うるめいわし(청어의 일종) 육수와 전통적인 양조간장을 사용해 창업 당시부터 이어져온 맛을 지키고 있다.

이즈모소바는 붉게 칠한 둥근 그릇에 담는 '와리코소바割子そば' 형태로 제공되는 것이 특징이다. 아라키야에서는 3단부터 5단 중에서 고를 수 있으며 면 추가나 도로로, 유정란 등의 토핑 추가도 가능하다. 또한 와리코소바 2단, 소바젠자이そばぜんざい(소바가루로 빚은 경단을 넣은 단팥 디저트), 운세 뽑기로 이루어진 '엔무스비세트縁結びセット'는 특히 관광객에게 반응이 좋다.

5대 사장 하마무라 호조 씨가 내건 "돈벌이라고 생각하면 맛이 떨어진다"라는 모토가 지금도 이어지고 있는 만큼, 그 역사와 신념을 지탱하는 맛을 꼭 체험해보자. 소바 재료가 다 떨어지면 영업이 끝나므로 서둘러 방문하는 편이 좋다.

기본 메뉴인 '쇼유우동(간장 베이스의 우동)'이나 '가케우동'은 수타면의 쫄깃함이 돋보인다. (아래) 목조 건물인 식당에 정미소 시절의 흔적이 지금도 남아 있다.

since 에도시대 말기 | 가가와

요코쿠라우동 ヨコクラうどん

香川県高松市鬼無町鬼無 136-1

에도시대 말기에 개업한 역사를 잇다 | 가가와에서 가장 오래된 우동집

요코쿠라 우동은 JR 기나시鬼無역에서 도보권, 밭과 주택이 펼쳐져 있는 조용한 마을에 위치해 있다. 에도시대 말기에 창업하여 가가와현에서 가장 오래되었다고 여겨지는 '사누키우동讃岐うどん' 맛집이다. 에도 말기에 정미소와 제면소를 함께 하는 상점으로 시작했다가 1980년대부터 우동 전문점으로 전환했다. 지금은 5대 사장이 가게를 이어받아 전통을 지키면서 신메뉴 개발과 SNS 홍보 등 유연하게 새로운 시도에 나서고 있다.

수타 우동은 사누키 특유의 쫄깃한 식감뿐만 아니라 매끄러운 목 넘김도 매력이다. 매일 솥에 처음 삶은 면 상태를 살펴 그날 하루의 면 조리법을 조절하는 등 섬세한 부분까지 품질에 대한 장인정신이 느껴진다. 그야말로 전통과 혁신이 공존하는 우동집이며, 사누키우동의 깊이를 체감할 수 있는 식당이다.

(위) 명물 '가시와 우동'. (오른쪽) '고보텐우동'. 우동과 소바에는 모두 닭고기가 들어간다. (아래) '미니 가시와돈かしわ丼 (닭고기덮밥)'.

우동 · 소바

요코쿠라 우동 | 주오켄

since 1892년 시가

주오켄 中央軒
佐賀県鳥栖市京町729番地

서서 먹는 규슈의 첫 우동 식당 | 도스역 명물 '가시와우동'

　　주오켄은 1892년에 에키벤駅弁(역에서 파는 도시락) 판매점으로 창업했다. 1956년에는 JR 도스 鳥栖역 안에 규슈 최초로 다치구이立ち食い(입식, 서서 먹음) 우동 전문점을 열었다. 명물은 '가시와 우동かしわうどん'. 슴슴한 국물에 달콤 짭짤하게 구운 가시와(닭고기)가 깊은 풍미를 더해 이곳에서만 맛볼 수 있는 요리로 탄생했다. 규슈만의 독특한 메뉴인 '고보텐우동ごぼう天うどん(우엉튀김을 얹은 우동)' 등에도 닭고기가 토핑되어, 모든 메뉴가 맛의 통일성을 이룬다.

　　도스역 구내의 매장 네 군데 모두 맛이 똑같지만, 그중에서 5·6번 플랫폼의 매장이 가장 맛집이라는 소문도 있어 입장권을 사서 맛을 비교하러 오는 손님도 적지 않다고 한다. 창업 당시의 맛을 쭉 지키면서 지금도 많은 이들에게 사랑받고 있다.

고쿠라역 플랫폼 명물 '가시와우동'. 부드러운 면발, 달콤한 국물, 고소한 닭고기의 맛. 그 절묘한 조화가 인기의 비결이다.

since 1891 후쿠오카
기타큐슈에키벤토(플랫핏) 北九州駅弁当(ぷらっとぴっと)
기타큐슈에키벤토(푸랏토핏토)

福岡県北九州市小倉駅構内(在来線 1·2/7·8 ホーム)

에키벤과 서서 먹는 우동 | 두 가지 명물을 한꺼번에

　　기타큐슈에키벤토는 JR 고쿠라小倉역에서 에키벤(도시락) 판매점과 서서 먹는 다치구이 우동 식당 푸랏토핏토를 운영하는 지역밀착형 노포다. 1891년에 모지門司역(현 모지코門司港역)에서 이시쿠라 가문이 도시락 판매점을 개업한 것이 시초였다. 1906년에는 고쿠라역에서 마쓰오 가문이 도시락을 판매하기 시작하여 이 두 가게가 모체가 되어 훗날 기타큐슈에키벤토가 설립되었다.

　　서서 먹는 우동 식당 푸랏토핏토는 1950~1960년쯤에 장사를 시작했다. 지금은 고쿠라역의 1·2번과 7·8번 플랫폼 두 곳에서 영업을 하고 있다. 가장 인기 많은 메뉴는 '가시와우동'이다. 후쿠오카 우동의 특징인 부드러운 면발에 약간 단맛이 나는 국물, 달착지근하고 짭짤하게 익힌 닭고기가 듬뿍 들어간다. 진한 닭고기 맛과 육수가 잘 어울려져서 매일이라도 질리지 않고 먹을 수 플랫핏은 JR 고쿠라역의 재래선(신칸선이 아닌 기존 노선) 플랫폼에 두 곳이 있다. (오른쪽) 1·2번 플랫폼, (아래) 7·8번 플랫폼.

고쿠라역 구내에서는 에키벤도 판매한다. '고쿠라의 가시와메시' '하카타 가라아게 도시락' 등 인기 많은 상품을 한데 모았다.

있을 만한 맛이다.

  '가시와우동' 외에도 '마루텐丸天(동그란 어묵)' '가키아게かき揚げ(어패류 채소튀김)' '쓰키미우동月見うどん(반숙 달걀을 넣은 우동)' 등이 있으며 모든 메뉴에 닭고기가 들어 있는 점도 좋다. 우동 외에 주먹밥이나 유부초밥도 있어 어느 시간대에나 들르기 좋은 곳이다.

  역사 안의 매점에서는 에키벤도 판매한다. 맛으로 자신하는 닭고기를 사용한 '고쿠라의 가시와메시小倉のかしわめし'나 '하카타 가라아게 도시락博多唐揚げ弁当' 등의 롱셀러 상품이 즐비하다. 플랫폼에서 우동을 먹고 난 후 도시락을 포장하면 기타큐슈에키벤토의 맛을 최대치로 만끽할 수 있다. 아침 7시에 문을 여는데, 매일 아침 들르는 단골손님도 많아 지역 주민에게는 없으면 서운한 존재가 되었다. 고쿠라와 기타큐슈의 소울푸드로 사랑받는 이곳은 최근에 테이크아웃도 시작해 그 맛을 서서히 전국 각지로 퍼뜨리는 중이다.

가장 인기가 많은 '니쿠우동'은 달콤한 국물에 부드럽고 오동통한 면, 미야자키 소고기의 조화가 으뜸이다. (오른쪽 아래) 명물인 '에다우동'.

since 1913 | 미야자키

오모리우동 大盛うどん

宮崎県宮崎市江平西 1-5-60

맛도 가게 이름처럼 호쾌한 곳 | 미야자키에서 가장 오래된 우동집

    오모리우동은 1913년에 문을 열었다. 도쿠시마에서 미야자키로 이주한 구메 후사키치 씨가 미야자키 시내에서 최초로 우동 장사를 시작했다. 가게 이름의 유래는 호쾌하다. 개업 당시 팔고 남은 면을 버리던 상황에서 안주인 구메 시마 씨가 "버릴 바에는 면 양을 곱빼기(오모리)로 늘려서 팔자"라고 제안한 것이 계기였다. 이 결심이 좋은 평판으로 이어져 그대로 상호명에 반영되었다고 한다.

    오모리우동의 특징은 세 가지다. 든든한 양, 달콤하면서도 짭짤한 국물, 그리고 부드러운 면이다. 규슈 특유의 달콤하고 진한 간장을 베이스로 이리코いりこ(마른 멸치)를 우린 진한 색의 육수를 쓴다. 면발과의 궁합도 뛰어나 단맛과 함께 간간한 맛이 인상적이다. 많이들 찾는 '고쿠부

오모리우동 History

(왼쪽) 전쟁 이후 이전하여 재건된 매장. (오른쪽 위) 인기 식당 반열에 오르는 데 공헌한 초대 안주인 구메 시마 씨. (위) 쇼와시대 초기의 가게 모습. 당시 학생들에게 외식이 허용된 유일한 식당이었다.

가게 옆에는 냉동 우동을 살 수 있는 자동판매기도 있다. '가케(기본 우동)', '다누키たぬき(튀김 부스러기를 넣은 우동)' '니쿠우동' 등이 있으며, 토핑을 추가할 수 있는 것도 장점이다.

토멘極太めん(극태면, 아주 굵은 면)'은 젓가락으로 들어올렸을 때 면의 무게 때문에 끊어질 것처럼 느껴질 만큼 부드럽다. 최고 인기 메뉴는 미야자키 흑우로 만든 푸짐한 '니쿠우동肉うどん(고기우동)'. 달콤한 국물, 부드러운 면, 적당히 기름기가 있는 쇠고기가 삼위일체를 이루는 절묘한 맛이다. 모든 재료를 담은 '에다우동江田うどん' 또한 인기 메뉴 중 하나다. 단골손님이 "다 넣어주세요"라고 주문한 데서 탄생하여 그 손님의 이름을 메뉴 이름으로 붙인 독특한 요리다.

우동 한 그릇만으로도 충분히 만족스럽지만 밥 종류도 추천할 만하다. '유부초밥' '모리즈시盛りずし(식초로 간한 밥)' '니쿠메시肉めし(고기덮밥)' 등이 있으며, 우동과의 궁합도 더할 나위 없다.

코로나19 시기에는 존폐의 위기에 직면했지만, 크라우드펀딩 지원을 받아 영업을 지속하는 데 성공했다. 이 또한 오랜 세월 지역 내에서 사랑받아온 증거라고 할 수 있다.

전통적인 '오키나와소바'를 맛볼 수 있는 노포. 목회를 쓴 탱글한 면과 국물 맛의 조화가 대단하다. 부재료인 삼겹살의 맛도 한몫한다.

since 1905 오키나와
기시모토 식당 きしもと食堂
기시모토쇼쿠도

沖縄県国頭郡本部町渡久地 5

현존하는 가장 오래된 오키나와소바 식당 | 전통 목회면의 맛을 음미하다

나하공항에서 자동차로 약 1시간 반, 오키나와 추라우미 수족관에서는 자동차로 10분 정도 걸리는 곳에 위치한 기시모토 식당. 중심지에서 약간 떨어져 있지만 점심때는 긴 대기 줄이 생기는 인기 식당이다. 창업연도는 1905년. 기시모토 오미토 할머니가 집 한쪽에서 오키나와소바를 팔던 것이 시작이었다. 현존하는 오키나와소바 식당 중에서 가장 오래되었으며, 면을 만들 때 일반적인 간스이(면류에 탄력을 주기 위해 넣는 알칼리수)를 쓰지 않고, 대신 목회를 쓰는 전통적인 제조법을 고수하는 가게로도 유명하다. 목회란 말 그대로 나무를 태울 때 생기는 재를 말한다. 장작의 수요가 줄어든 지금은 목회 자체가 드물다 보니 목회소바 자체가 희귀해졌다. 목회를 쓴 면은 간스이로 만든 것보다 굵고 씹는 식감이 좋아진다.

> 메뉴는 세 가지뿐! 맛에 대한 자신감을 말해준다

오키나와식 솥밥 '주시'. 돼지고기의 감칠맛이 제대로 배어 풍부한 맛이 온몸에 스며든다.

우동·소바

기시모토 식당

    기시모토 식당에서 파는 요리는 '오키나와소바沖縄そば'(대·소)와 오키나와 전통 솥밥인 '주시ジューシー'까지 단 세 가지뿐이다. 간판 메뉴인 '오키나와소바'에는 삼겹살을 푹 익힌 소키ソーキ와 가마보코, 파가 들어간다. 지극히 심플한 재료 구성이다. 가쓰오 육수로 만든 향긋한 국물과 탱탱한 목회면의 조화가 일품이다. 한편 '주시'는 소키를 익힐 때 생긴 국물을 활용해서 지은, 색이 진한 밥이다. 겉보기와 달리 끝맛은 담백하다. 수량이 한정되어 있으니 맛을 보려면 서둘러 방문하는 편이 좋다.

    쇼와시대의 분위기가 감도는 오키나와의 민가 스타일의 식당에서 전통 제조법으로 만든 '오키나와소바'를 맛보는 것. 그 한 그릇만을 위해 멀리서라도 찾아갈 만한 가치가 있는 식당이다.

미니 특집
그 두번째

백년 주점
지역에 뿌리내린 노포

시대의 흐름에 몸을 맡기면서도 변하지 않는 맛과 따스함으로 사람들을 반겨주는 노포 선술집이 있다. 명물 요리나 지역 특산 술은 물론, 가게 분위기나 주인과의 대화에서도 그 지역에 뿌리내린 매력이 살아 숨 쉰다. 도쿄, 요코하마, 구라시키 세 지역에서 다이쇼시대부터의 역사를 새겨오며 지금까지 사랑받고 있는, 개성 넘치는 백년 주점 세 곳을 방문해보았다.

야마리키 山利喜 — TOKYO 도쿄

도키와기 常盤木 — 가나가와 / KANAGAWA

민예찻집 신스이 民芸茶屋 新粋 — OKAYAMA 오카야마

since 1924 도쿄
야마리키 山利喜
東京都江東区森下 2-18-8

미니 특집 그 두번째
백년주점 - 지역에 뿌리내린 노포

2009년에 리뉴얼된 야마리키 본관. 가게 안에는 옛 술집다운 온기가 깃들어 있다.

'니코미'는 '갈릭토스트'와 함께 먹는 것이 정석이다.

(위) 명물 '야키톤'. 카운터 자리에서는 조리대의 모습을 바로 앞에서 구경할 수 있다.

  스미다가와隅田川 강 근처의 골목에 있는 주점 야마리키는 1924년 창업 이래 이 자리를 쭉 지키고 서 있다. 전쟁 때문에 한 번 소실되었지만 2대 사장 야마다 요이치 씨에 의해 재건되었다. 그때 간판 요리로서 내놓은 것이 '니코미煮込み(고기조림)'와 '야키톤やきとん(돼지고기 꼬치)'이다. 육체노동자가 많이 살던 모리시타森下 지역에서 많은 사람들이 찾아주어 지금도 변함없는 인기를 자랑한다.

  '도쿄 3대 니코미' 중 하나로 꼽히는 이곳의 '니코미'는 반세기에 걸쳐 국물을 계속 이어가며 끓여낸 만큼 깊은 맛이 일품이다. '야키톤'은 염통, 곱창, 위장 등 열 가지 이상의 부위 중에서 고를 수 있다. 3대 사장이 프랑스요리 기법을 살려 만든 '테린(고기나 내장을 으깨 굳힌 것)'도 전통에 창의성을 접목했다며 평이 좋다. 모든 요리가 주당들의 마음을 사로잡을 만한 맛이다.

노렌에 '시민주점'이라는 글자가 적혀 있다. 지금은 시내에 몇 군데 남지 않은 귀중한 존재다.

인기 메뉴인 '네기차슈'나 수제 '슈마이' 등 모든 메뉴가 시민들에게 사랑받고 있다.

since 1924 가나가와
도키와기 常盤木
神奈川県横浜市西区戸部町 5-179

KANAGAWA

요코하마시 니시구 도베초의 한적한 골목에 가게를 차린 도키와기는 1924년에 창업한 시민주점市民酒場이다. 시민주점이란 전쟁이 한창이던 시절 요코하마시가 주류배급제를 도입했을 때 대중 술집들을 정리하고 통합하며 탄생한 제도에 따른 것이었다. 최전성기에는 200곳 이상이 존재했지만, 지금은 몇 군데 남지 않았으며 도키와기는 그중에서도 특히 귀중한 주점이다.

명물 중 하나는 '네기차슈ネギチャーシュー'. 듬뿍 올린 파채와 중화요리풍으로 마무리한 붉은 차슈를 고추기름으로 버무려 적당히 매콤한 맛이 식욕을 돋우는 요리다. 수제 '슈마이'도 팬층이 두터운 인기 메뉴로 고기의 감칠맛이 응축되어 식감이 뛰어나다.

미니 특집 그 두번째

백년주점 - 지역에 뿌리내린 노포

(위) 통통하게 튀긴 장어튀김은 막강한 인기를 자랑한다.
(왼쪽) 추운 계절이면 생각나는 향긋한 '히레슈ヒレ酒(생선 지느러미를 넣은 술)'.

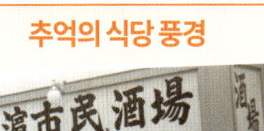

추억의 식당 풍경

(왼쪽) 1949년 여름. 양쪽 끝의 두 사람은 시민주점 제도로는 초대, 도키와기 기준으로는 2대째인 사장 부부.
(위) 1950년대 초반의 활기 넘치는 식당 내부.

    철 따라 계절 한정 메뉴를 내놓는 것도 매력 중 하나다. 그중에서도 간판 메뉴로 유명한 것이 가을부터 겨울에 걸쳐 제공되는 완전 예약제 메뉴 '후구도후ふぐ豆腐(복어전골)'다. 원래 고급 식당에서만 맛볼 수 있던 복어 요리를 서민들도 편하게 사 먹을 수 있는 가격으로 내어주고 싶다는 마음에서 시작한 메뉴다.

    주인과의 편안한 대화, 따뜻한 분위기, 쇼와시대의 모습을 간직한 시민주점의 정취. 이 모든 것을 역사 속에서 서민들에게 손 내밀어준 바로 이곳, 도키와기에서 느낄 수 있다. 인기 식당이라서 예약은 쉽지 않지만, 쇼와시대부터 이어지는 시민 술집의 문화를 꼭 한번 체험해보길 바란다.

간판 요리인 '오뎅'. 종류가 다양하며 원재료의 맛을 돋보이게 해주는 맛이다.

since 1924 　오카야마

민예찻집 신스이 民芸茶屋 新粋
민게이차야 신스이
岡山県倉敷市本町 11-35

세토내해의 신선한 사시미와 식사용으로 알맞은 '아나고돈(붕장어덮밥)'도 판매한다.

카운터에는 그날의 추천 '오반자이'가 늘어서 있다.

　　오카야마현 구라시키시의 미관지구(일본 시가지의 미관을 유지하기 위해 특별히 지정한 구역)에 자리 잡은 민예찻집 신스이는 1919년에 전통 료칸으로 시작해 지금은 식당으로 운영 중이다. '민예'라는 이름 그대로 철제 못을 전혀 사용하지 않고 지은 목조 건축물부터 민예품 그릇에 담겨 나오는 요리 등 식당 전체가 민예 정신을 구현하고 있다. 간판 메뉴는 간장을 사용하지 않고 재료 본연의 맛을 살린 '오뎅'. 세토내해瀨戸内海에서 잡은 싱싱한 생선으로 뜬 사시미와 아나고(붕장어) 요리, 카운터에 진열된 '오반자이おばんざい(교토 가정식 반찬)' 등 지역 특산 술과 잘 어울리는 요리들이 준비되어 있다. 건물, 요리, 그릇, 주인과의 대화까지 일본 고유의 매력으로 가득해 외국인 손님에게도 인기가 많다. 옛 일본의 정취를 오감으로 즐길 수 있는 가게다.

4부 역사도 깊고 맛도 깊은 손맛의 진수
중화요리 · 라멘

노포 라멘집과 동네 중국집, 본격 중화요리점들은 오래 사랑받아온 이유가 있다. 깔끔한 주카소바부터 걸쭉하고 푸짐한 요리, 볶음밥과 교자의 조화, 독자적으로 진화해온 개성 있는 면 요리까지, 오랜 연구와 깊은 손맛이 빛나는 중화요리·라멘 노포를 즐겨보자.

갓 튀긴 새우튀김을 올린 '새우튀김 주카소바'. 튀김의 기름기가 국물에 깊은 맛을 더해 풍미가 한층 돋보인다.

since 1924년대 | 아키타
한조켄 본점 繁昌軒 本店
한조켄혼텐
秋田県大仙市大曲丸の内町 6-22

노점으로 출발한 노포 | 동네에서 사랑받는 추억의 맛

　JR 오마가리大曲역에서 도보 6분, 하나비도리花火通り 상점가 근처에 자리한 한조켄 본점은 쇼와시대의 향취를 전해주는 주카소바 가게다. 정확한 창업연도는 확실하지 않지만, 제2차 세계대전이 일어나기 전인 쇼와시대 초기에 라면 노점으로 장사를 시작하여 1949년에 지금의 자리에 식당을 차렸다.

　매장 안에는 오래된 테이블과 의자들이 줄지어 있고, 벽 한 면을 가득 채운 손글씨 메뉴판이 어우러져 마치 시대를 거슬러 올라간 듯하다. 창업 당시부터 유지 중인 간판 메뉴는 '주카소바中華そば'. 나루토ナルト(소용돌이 무늬 어묵) 대신 후麸(밀 글루텐으로 만든 일종의 떡)를 올리는 것은 도호쿠 지방 일대에서 볼 수 있는 독특한 식문화에서 기원했다. 토핑의 종류가 풍부한 것도 이곳만의 특징이다. 아지타마あじたま(달걀장조림), 차슈チャーシュー(중국식 돼지고기구이), 멘마メンマ

새우튀김 두 개가 올라간
푸짐한 한 그릇!

벽 한 면에는 손으로 쓴 메뉴판. 그 위쪽에는 1930년대 창업 당시 노점에서 장사하던 시절의 사진이 걸려 있다.

카운터에는 토핑용 덴카스天かす(튀김 부스러기)가 준비되어 있다. 국물에 풍성한 맛을 더해준다.

(죽순절임) 등의 기본 토핑 외에도 새우튀김, 생강, 고기미소, 새우기름 등 특이한 재료도 갖춰 방문할 때마다 색다른 맛을 즐길 수 있다.

    국물은 멸치, 닭껍질, 닭발 등을 우려내 소금과 우스구치薄口 간장(염도는 높지만 색과 향이 연한 간장)으로 간한 양념으로 담백하게 마무리한다. 직접 뽑는 가느다란 면은 지역 명물인 '이나니와우동稲庭うどん(직접 뽑은 납작한 면으로 만드는 우동)'을 연상시키는 미끈하고 부드러운 식감이 매력이며, 국물과의 궁합도 탁월하다. 토핑, 국물, 면까지 모든 것에 가게의 장인정신이 담긴 요리를 보면 노포의 품격을 지키면서도 끊임없이 새로운 도전과 진화를 거듭한다는 것이 느껴진다.

    한조켄 본점이 위치한 오마가리는 매년 8월마다 전국적으로 유명한 불꽃놀이 대회가 열리는 지역이기도 하다. 불꽃놀이도 구경할 겸 방문해서 지역에 뿌리내린 역사적인 맛을 즐기는 것도 또 다른 재미가 되어줄 것이다.

간판 메뉴인 '주카소바'. 투명한 간장 베이스 국물에 삼각형 달걀 지단이 올라간 개성파 메뉴. 그리움과 정겨움이 느껴지는 한 그릇이다.

since 다이쇼시대 도쿄

만푸쿠 萬福

東京都中央区銀座 2-13-13

긴자에 살아 있는 노포 중화요리점 | 삼각 달걀이 상징인 주카소바

지하철 히가시긴자東銀座 역에서 도보 3분, 고비키초 나카도리에 묵묵히 자리를 지키고 있는 만푸쿠는 1925년경 노점에서 시작해 긴자니초메銀座二丁目 에서 90년 이상 사랑받아온 동네 중화요리 노포다. 가부키자歌舞伎座도 가까워 번화함과 한적함이 공존하는 거리에 쇼와시대 레트로풍의 가게 외관이 썩 어울린다.

가게의 상징물은 유독 눈길을 끄는 오래된 황록색 간판이다. 초대 사장 가사하라 후쿠지로 씨는 양식 요리사로 솜씨를 발휘하고 살다가 다이쇼시대에 노점에서 '시나소바支那そば(주카소바, '시나'는 옛날 일본에서 중국을 부르던 말)'를 팔기 시작한 후 1929년에 지금의 자리에 가게를 열었다. 초기에는 양식과 중식을 융합한 '세이시西支' 요리 가게로 시작했으나, 이내 중화요리의 비중을 늘려 현재의 스타일로 자리 잡았다.

중화·라멘 만푸쿠

추억의 식당 풍경

1975~1985년경의 옛 식당 모습. 목조 3층 건물이지만 인상은 지금과 크게 다르지 않다.

(위) 유일한 양식 메뉴 '포크라이스'. 차슈가 들어간 볶음밥에서 치킨라이스 같은 맛이 난다.

인기 있는 야키교자 두툼한 피에 쫄깃한 식감!

명물 '주카소바'는 창업 당시부터 변함없이 간장 베이스의 맑은 국물에 나루토, 차슈, 멘마, 시금치가 올라간 정통 요리다. 여기에 세모난 달걀지단이 곁들여진다는 점이 만푸쿠만의 특징이다. 양식 요리사 출신인 초대 사장의 아이디어로, 다른 식당에서는 찾아볼 수 없는 특색이 되었다. 고기와 향신채로 낸 육수가 자연스럽게 어우러져, 어린 시절로 돌아간 것처럼 '마음이 놓이는 맛'이라고 평가받는다.

또 다른 인기 메뉴 '포크라이스ポークライス'는 차슈를 사용한 케첩볶음밥으로, 치킨라이스를 연상시키는 맛이다. 고명인 초록색 완두콩이 선명하며, 어딘가 양식 같은 분위기를 풍긴다. 중화요리도 양식도 아닌, 만푸쿠만의 '세이시' 요리 스타일을 느끼게 하는 메뉴다. 옛 긴자의 무드를 간직하면서도 중화요리의 틀을 깬 다채로운 맛을 즐길 수 있는 곳이다.

손님들 대부분이 주문하는 인기 메뉴 '가쓰돈'. 달착지근한 육수와 갓 튀겨낸 돈가스가 잘 어우러져 무심코 후루룩 먹어 치우게 되는 맛이다.

since 다이쇼시대 〔도쿄〕
중화·양식 야요이 中華·洋食 やよい
주카·요쇼쿠 야요이
東京都台東区浅草 5-60-1

아사쿠사 뒷골목을 지키다 | 양식과 중화요리의 전통 식당

 지하철 미노와역과 센소지·가미나리몬雷門의 딱 중간쯤, 옛 요시와라 유곽에 인접한 뒷골목에 자리 잡은 중화·양식 야요이는 다이쇼시대에 '서양 요리 카페 야요이'라는 이름으로 개업했던 노포다. 주변은 메이지시대부터 쇼와시대 초기까지 유곽 거리로 번성하여 여러 상점과 음식점들이 모여 있던 곳이다. 야요이도 당시부터 이 지역에 터를 잡고 요시와라 유곽 뒷문 근처에서 유녀와 장인들을 대상으로 음식 배달을 했다고 한다.

 초대 사장은 양식당에서 수련을 했고, 2대 사장은 중식을 도입했으며, 지금의 3대 사장이 중식과 양식의 맛을 아우르며 계승하고 있다. 역에서 살짝 떨어져 있지만, 센소지와 이어지는 산책로에 위치해 관광객뿐만 아니라 지역 주민들에게도 사랑받고 있다.

 대표 메뉴는 '가쓰돈カツ丼'. 돈가스는 주문 후 튀겨낸다. 달콤한 간장 소스와 양념이 배어든

(왼쪽) '히야시마보멘'. (오른쪽) 탕수 '아게완탄'. 둘 다 가게를 대표하는 인기 메뉴다.

다이쇼시대에 촬영한 '서양 요리 카페 야요이' 시절의 귀중한 한 컷.

밤에도 차분한 분위기. 맥주와 함께 요리를 느긋하게 맛보자.

밥을 함께 먹다 보면 숟가락을 멈출 수 없는 맛이다.

또한 '히야시마보멘冷し麻婆めん(냉마파두부면)'이나 '아게완탄あげワンタン(튀김 만두)' 등 창작 중화 요리도 평판이 좋다. 여름 한정 '히야시마보멘'은 고기미소·두부·오이가 들어가는 매운 미소 면 요리로, 매콤하지만 깔끔함이 살아 있어 호평을 받고 있다. 양식으로는 '포크소테ポークソテー' '드라이 카레ドライカレー' '오므라이스オムライス' 등도 갖추고 있어 단골들에게 오랫동안 사랑받고 있다.

아사쿠사의 옛 정취가 느껴지는 풍경과 함께 가쓰돈부터 중국냉면, 양식 메뉴까지 폭넓게 즐길 수 있는 중화·양식 야요이. 그 다채로운 맛과 편안한 분위기는 90년 이상 쌓아온 역사 위에 지금도 살아 숨 쉬고 있다.

'고모쿠소바'에는 채소 외에도 차슈, 달걀말이 등 여러 재료가 가득하다. (아래) 고기가 듬뿍 들어간 육즙 가득한 슈마이.

since 1924 | 가나가와
일중우호 식당 혼모쿠타마야 日中友好食処 本牧玉家
닛추유코쇼쿠도코로 혼모쿠타마야

神奈川県横浜市中区本牧三之谷 1-14

중식과 일식이 한자리에 | 항구 마을 혼모쿠의 맛깔나는 식당

1924년에 개업한 닛추유코쇼쿠도코로 혼모쿠타마야는 혼모쿠하라 本牧原 버스 정류장 앞, 혼모쿠 부두 근처에 위치한 노포 식당이다. 창업주의 친척 중에 화교가 있었던 것을 계기로 일식과 중화요리를 모두 즐길 수 있는 '일본과 중국의 우호'를 모토로 가게를 운영해왔다.

혼모쿠는 요코하마 중심부에서 조금 떨어진 차분한 항구 마을이다. 가까운 혼모쿠 항구에서 해산물을 직접 조달하는 등 지역 사회와 가까운 거리를 유지하며 동네 주민들에게 사랑받고 있다.

일식 메뉴 중에서는 '혼모쿠텐돈 本牧天丼'이 대표 요리 중 하나다. 싱싱한 생선으로 만든 튀김을 덮밥에 올려 보기만 해도 푸짐하다. 그 외에도 가쓰돈, 소바, 장어덮밥 등 기본적인 일식 메뉴를 갖춰, 무엇 하나 섬세한 손길이 느껴지지 않는 것이 없다.

한편, 중식 메뉴는 일식보다 품목이 풍성하다. 원래 혼모쿠는 제2차 세계대전 전부터 화교가

쇼윈도에는 일식과 중식 요리 샘플들이 균형 있게 진열되어 있다.

추억의 식당 풍경

전쟁 중에 촬영된 귀중한 사진. 옛 가게에서의 출정식 모습이 담겨 있다.

명물 '혼모쿠텐돈'. 계절에 따라 붕장어, 갯장어, 농어 등이 들어간다.

많이 살았던 곳이다. 전쟁 후에는 미군 주거지가 배치된 역사적 배경 속에서 많은 중화요리 전문점이 생겨났다. 그래서 혼모쿠타마야에서도 '산마멘サンマーメン(고기나 해산물, 채소 등을 볶아 걸쭉한 소스를 부은 면)'이나 '산마돈サンマー丼(산마멘의 덮밥 버전)'을 비롯해 주카소바, 슈마이, 차한(볶음밥) 등 다채로운 요리가 준비되어 있다. 특히 인기가 높은 것은 고모쿠五目(여러 재료를 한꺼번에 섞어 만든다는 의미) 계열의 메뉴로, '고모쿠소바五目そば' '고모쿠차한五目チャーハン' 모두 다양한 재료가 가득 들어가 푸짐함을 자랑한다. 지역 특색이 살아 있는 맛과 함께 요코하마의 역사까지 느끼게 해주는 요리다. 관광객을 위한 화려함은 없지만, 혼모쿠라는 땅에 뿌리내린 맛이 지금도 이 가게에 살아 있다. 근처를 방문한다면 지역색이 가득한 요코하마 노포의 맛을 꼭 즐겨보길 바란다.

명물 '산마완탄멘'. 걸쭉한 채소 볶음을 얹은 '산마멘'
에 모두가 좋아하는 '완탄'을 추가한 푸짐한 요리.

since 1918 | 가나가와
교쿠센테이 玉泉亭
神奈川県横浜市中区伊勢佐木町 5-127

역사를 이어가는 이세사키초의 맛 | 완탄이 들어간 '산마멘'

지하철 간나이関内역과 이세사키초자마치伊勢佐木長者町역 사이, 큰길에서 조금 들어간 이세사키초 한편에 자리한 교쿠센테이. 1918년에 일식, 양식, 중식을 두루 파는 대중식당으로 개업한 역사 깊은 가게다.

이후 1945년경 지금의 자리에 건물을 짓고 중화요리 전문점으로 전환했다. 과거에는 '산코쿠료리三国料理'라는 이름으로 당시 기준의 고급 커피숍처럼 가게 앞에 도어맨을 세워 운영했다고 한다. 검은 정장 차림의 직원이 손님을 맞이하는 방식은 옛날 식당으로서는 보기 드물었던 모양이다.

압도적 인기를 자랑하는 메뉴는 '산마완탄멘サンマーワンタンメン'이다. 요코하마에서 탄생한 면 요리 '산마멘サンマーメン'에 고기 풍미 가득한 '완탄(만두)'을 더한 고급스러운 메뉴다. 아삭한

중화·라멘

교쿠센테이

(위) 가게 앞 쇼윈도에는 식욕을 돋우는 샘플 메뉴들이 즐비하다. (아래) 또 하나의 간판 메뉴 '반멘'.

추억의 식당 풍경

창업 4년 뒤인 1922년에 촬영한 사진. 모두 기모노 차림이라 시대와 역사가 느껴진다.

 숙주가 들어간 짭짤하고 걸쭉한 양념이 가느다란 면발과 잘 어우러지고, 다양한 식감과 맛을 한 번에 즐길 수 있어 손님들의 만족도가 높다. '산마멘' 또한 숙주 등의 채소를 넣은 걸쭉한 소스를 면에 끼얹어 만든다. 이 서민적인 주카소바 요리는 현재 가나가와현의 여러 중식당에서 찾아볼 수 있는 소울푸드다. 그중에서도 교쿠센테이의 '산마완탄멘'이 특히 인기가 높다. 또 하나의 명물인 '반멘バンメン'은 산마멘과 마찬가지로 걸쭉한 소스를 부은 면 요리로, 넓적한 접시에 달걀과 함께 담아내 맛이 한결 부드럽다. 다른 곳에서 보기 드문 희소가치까지 겸비해 꾸준한 인기를 자랑한다.
 그 밖에도 고기가 가득 들어간 '수제 슈마이' '교자' '완탄튀김' 등 중화요리의 도시 요코하마다운 메뉴들이 구비되어 있다. 합리적인 가격으로 마음껏 요리를 즐길 수 있어 지역 내에서 큰 사랑을 받는 중식당이다.

(위) '주카소바'. 차슈, 죽순, 파에 도야마 명물인 아카마키가마보코까지 들어간다. (아래) 쇼와시대 초기 모습으로 착각할 만한 가게 내부 사진.

since 1923 | 도야마
하루노이로 식당 春乃色食堂
하루노이로쇼쿠도

富山県南砺市福光 6808-2

창고형 대중식당의 시작점 | 주카소바와 오뎅 맛집

    JR 조하나선城端線 후쿠미쓰福光역에서 도보 약 13분, 엣추우사하치만구越中宇佐八幡宮 신사 정면에 자리한 하루노이로 식당. 1923년에 창업주 다바타 소토사부로 씨가 에도시대 가가번 지역의 쌀 창고를 개조하여 만든 정겨운 대중식당이다. 현지에서는 '하루쇼쿠'라는 애칭으로 친숙하다. 노란 외벽의 창고 스타일 외관은 옛 시절의 정취로 가득하고, 매장 내부도 그 시절의 분위기를 간직하여 향수를 불러일으킨다. 카운터 자리나 오뎅용 전골냄비가 놓인 추억의 인테리어는 손님들에게 편안함을 준다.

    인기 메뉴인 '주카소바中華そば'는 닭뼈를 우린 담백한 육수와 가는 면으로 만든다. 토핑으로는 죽순, 차슈, 파, 그리고 지역 특산물인 아카마키가마보코赤巻蒲鉾(붉은색 어묵)를 곁들인다. 창업 당시부터 지켜온 맛이 세대를 넘어 꾸준히 사랑받고 있다.

중화 · 라멘 하루노이로 식당

노랗게 칠해진 오래된 건물은 원래 쌀 창고였던 곳을 개조한 것이다. 가게 안에는 테이블 석과 카운터석이 늘어서 있다.

뜨끈한 오뎅까지!

접시 오른쪽이 '마루야마'. 도야마현 서부에서 즐겨먹는 재료 가득한 오뎅 종류.

또 하나의 간판 메뉴는 '오뎅おでん'이다. 창업 당시부터 국물을 이어가며 끓인 육수에 무, 구운 두부, 곤약, 달걀 등을 익혀내는데, 지역 주민들에게도 평판이 좋다.

또한 이 지역 특유의 '마루야마まるやま'도 추천한다. 주머니 모양의 간모도키がんもどき(다진 두부와 채소를 뭉친 것)에 표고버섯, 당근, 우엉, 은행 등 재료가 꽉 차 있으며, 가르면 속 재료가 쏟아져 나오는 푸짐한 모습이 매력적이다. 간이 밴 무나 인기 있는 구운 두부도 물론 빼놓을 수 없다.

평일 낮에는 지역 주민들로 북적이는 대중식당답게 정겨운 풍경이 펼쳐진다. 가족 3대가 함께 식사를 즐기는 모습도 드물지 않으며, 할아버지는 주카소바를 먹고, 손자는 오뎅을 먹는 옛날 그대로의 일상이 지금도 이 가게에서 이어지고 있다.

명물 '가라시소바'. 교토 중화의 특색을 살린 요리로, 교토 중화 하마무라에서는 볶은 면에 겨자와 간장으로 맛을 낸다.

since 1924 교토

교토 중화 하마무라 京都中華 ハマムラ
교토주카 하마무라 京都府京都市中京区丸太町
通釜座東入る梅屋町 175-2

'가라시소바'와 '자리치니쿠' 전문점 | 교토 유흥가가 발전시킨 중화요리

지하철 가라스마선 烏丸線 마루타마치 丸太町 역에서 걸어서 약 5분, 교토부청 앞에 위치한 교토 중화 하마무라는 1924년에 하마무라 호조 씨가 연 중식당 하마무라 ハマムラ를 뿌리로 둔 노포다. 친동생인 하마무라 스에지로 씨가 설립한 가와라마치 하마무라 河原町 ハマムラ의 계보를 이어받아 2014년에 지금의 자리로 이전하였다. 가게는 교토다운 차분한 주택가 한편에 자리 잡고 있어 관광지와는 달리 평화로운 분위기가 감돈다.

교토에서 시작한 '교토 중화 京都中華'는 기온의 유흥가 등 독특한 문화권에서 발전했다. 마늘, 향신료, 기름을 적게 쓰고 육수로 맛을 살리는 담백한 간이 특징이다. 이 교토 중화의 초석을 다진 이가 바로 초대 요리장고 가키치 씨다.

대표 메뉴 '가라시소바 からしそば'는 이름 그대로 가라시, 즉 겨자를 넣은 걸쭉한 면 요리다. 겨

이것도 명물!

위부터 '슈하킨燒蝦捲(새우춘권)'과 '자리치니쿠'.
모두 하마무라를 대표하는 인기 메뉴다.

중화 · 라멘

교토 중화 하마무라

자와 간장을 기본으로 기름을 적게 넣어 만드는 데도 풍미가 강렬하다. 그래서 많은 손님이 찾는 인기 메뉴이며 현지에서는 기본 메뉴로 알려져 있다.

또한 돼지고기 튀김인 '자리치니쿠炸裡背肉'도 이 식당에서 탄생했다고 한다. "돼지고기 튀김 없이는 하마무라를 논할 수 없다"라고까지 평할 정도다.

그 밖에도 '스부타'酢豚(탕수육)' '가야쿠야키메시かやく焼きめし(채소볶음밥)' '아게야키소바揚げ焼きそば(튀긴 야키소바)' 등 모든 메뉴들이 교토 중화 특유의 담백한 맛으로 제공되어 일반적인 중화요리와 차별화된다.

가게 로고도 독특하다. 글자로 얼굴을 표현한 디자인은 공모를 통해 선정한 것으로, 이곳 특유의 유머와 개성을 느낄 수 있다. 교토 중화의 전통과 교토 특유의 맛을 교토 중화 하마무라에서 꼭 체험해보길 바란다.

(오른쪽) '주카소바'와 '야키메시'. 취향에 따라 사이즈를 고를 수 있다. (아래) '야키메시'는 '지야키地焼き'라는, 이곳만의 독자적 조리법으로 볶는다.

since 1912 　효고

다이칸 본점 大貫本店
다이칸혼텐

兵庫県尼崎市神田中通 3-29

초기부터 변함없는 맛 | 다이칸 본점의 갈색 행복

　　한신전철阪神電鉄 아마가사키尼崎역에서 도보 약 4분, 아마가사키 중앙상점가 가운데쯤에 현존하는 일본 식당 중 가장 오래된 주카소바 전문점인 다이칸 본점이 있다. 1912년 고베 외국인 거류지 안에 창업했다가 1952년 현재의 아마가사키로 이전했다. 창업주 지사카 조지 씨는 일본 최초의 주카소바 가게였던 도쿄 아사쿠사의 '라이라이켄来々軒'의 맛에 매료되어 중국인 요리사를 데려와 주카소바 가게를 열었다. 당시 탄생한 조리법이 다이칸 본점에서 지금도 변함없이 이어지고 있다.

　　4대에 걸쳐 계승 중인, 직접 발로 밟아 만드는 달걀면과 창업 이래로 버리지 않고 쭉 더해가며 숙성하는 비법 숙성 양념이 맛의 핵심이다. 이 숙성 양념은 또 하나의 명물 '야키메시やきめし(볶음밥)'를 비롯한 모든 메뉴에 쓰이며 다이칸 본점 요리 맛의 기반을 이룬다. 숙성 양념 때문에 요

(왼쪽 위) 1960년 전후에 찍은 사진. (왼쪽) 쇼와시대의 매장 모습. (위) 1977년 식당 외관.

(왼쪽) 쇼와시대 초기부터 1950년 전후까지 쓰던 주방 설비. 창업 당시에는 밤에 포장마차 10대 정도가 출동해서 주카소바를 내다팔았다.

리가 전반적으로 갈색을 띠는 탓에 한때 식당 홈페이지에는 "다 갈색인데 그게 어때서요?"라는 유머러스한 메시지가 쓰여 있기도 했다.

명물인 '주카소바'는 돼지뼈와 닭뼈를 베이스로 한 국물에 숙성 양념이 더해진다. 깊은 감칠맛과 짭짤한 맛에 살짝 감도는 신맛이 식욕을 자극한다. '야키메시'는 거대한 웍으로 거의 100인분을 한꺼번에 볶아내는 호쾌함이 특징이다. 물론 이 역시 맛의 핵심은 숙성 양념이라 진하고 강렬한 풍미가 느껴진다.

'주카소바'와 '야키메시' 두 가지 대표 메뉴 외에도 단품 요리인 '부타텐豚天(돼지고기튀김)' '무시토리蒸し鶏(닭고기찜)' 등도 인기가 많으며 이 메뉴들은 하프 사이즈로도 주문할 수 있다. 다양한 맛을 즐기고 싶은 이들에겐 반가운 배려다.

명물 '스라멘'. 우동 국물에 중화면을 합친 요리로, 학생들을 대상으로 한 저렴한 요리로 탄생했다. (왼쪽) 그릇에는 '무사시야'라는 글자가 쓰여있다.

since 1912 돗토리
무사시야 식당 武蔵屋食堂
무사시야쇼쿠도

鳥取県鳥取市職人町 15

돗토리현이 자랑하는 노포 대중식당 | 원조 '스라멘'의 맛

JR 돗토리鳥取역에서 돗토리현청 방면으로 도보 약 15분, 장인 마을 골목에 자리한 무사시야 식당은 1912년에 창업한 오래된 대중식당이다. 돗토리 시민의 소울푸드라 불리는 '스라멘素ラーメン'을 처음 선보인 가게로, 현지 주민은 물론 관광객의 모습도 많이 보인다.

명물 '스라멘'은 우동 국물에 중화면을 넣은 담백한 일본식 라멘이다. 1955년경 2대 사장 도라오 씨가 학생도 마음 놓고 먹을 수 있는 저렴한 요리로 고안했다. 가다랑어와 다시마로 낸 육수에 자체 제작한 중간 굵기의 꼬불꼬불한 면이 잘 어울리며, 덴카스, 파, 콩나물, 가마보코가 들어가 국물에 살포시 깊은 맛을 더한다. 소박하고 편안한 맛이지만 충분히 만족감을 주는 한 그릇이다. '스라멘'은 기념품 밀키트로도 출시되어 많은 여행객이 주문하는 단골 메뉴가 되었다.

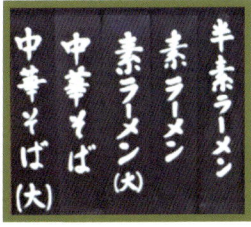

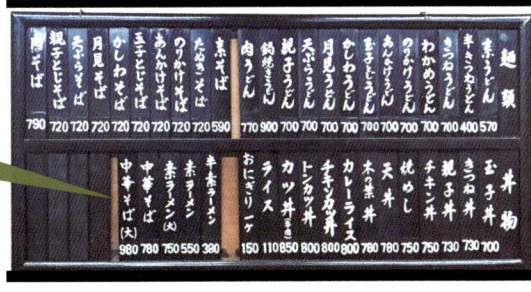

'스라멘' 탄생 당시부터 사용 중인 메뉴판.

무사시야 식당 History

(위) 전쟁 이전의 식당 모습. 양식도 팔던 시절이었다. (오른쪽) 오랜 세월 사용 중인 배달 용기나 전쟁 이후 주방 풍경에서 '스라멘' 탄생 당시의 흔적이 엿보인다.

무사시야 식당의 매력은 이뿐만이 아니다. 우동·소바·카레·덮밥·주먹밥 등의 기본 메뉴에 외에도 야키토리나 튀김 같은 술안주 메뉴도 풍부하게 갖추고 있다. 그중에서도 인기가 많은 '규카쓰돈牛カツ丼'은 걸쭉한 토마토케첩 소스가 특징으로, 마니아층이 두터운 명물 요리다.

오후 3시 이후에는 '이자카야 코지로居酒屋小次郎'로 이름을 바꾸어 이곳에서만 맛볼 수 있는 일품 요리와 주류를 판매한다. 해질녘이 되면 현지 손님들이 맥주 한 잔을 손에 들고 느긋하게 쉬는 풍경이 펼쳐진다. 소박한 정과 섬세한 손맛이 깃든 무사시야 식당. 갈 때마다 그 매력이 깊어지는 진정한 대중식당이다.

간판 요리인 '하카타 쟁반우동'. 기름으로 구운 면을 국물에 익혀서 볶는 독창적인 조리법으로 탄생했다.

since 1901 후쿠오카
후쿠신로 福新楼
福岡県福岡市中央区今泉 1-17-8

후쿠오카에서 가장 오래된 맛과 기술 | 하카타 사라우동 발상지의 노포

니시테쓰西鉄 후쿠오카福岡(덴진天神)역에서 도보 5분 정도의 중심가 뒷골목에 자리한 후쿠신로. 1901년에 개업하여 후쿠오카에서 가장 오래된 중화식당이다. 창업주 장자즈 씨가 나가사키에서 후쿠오카로 이주한 이유는 하카타의 기후나 식재료가 풍부한 면이 고향인 중국 푸젠성과 비슷해서였다고 한다. 지금도 후쿠신로는 하카타 근교의 식재료를 활용하며, "그 지역의 식재료를 정통 요리법으로 만든 요리야말로 맛있고 몸에 좋다"라는 가훈을 대대로 지켜오고 있다.

지금의 식당 위치로는 2014년에 이전했으며, 5층 규모의 식당 건물에 그간 쌓아온 역사의 무게가 느껴진다. 매장 안의 호화로운 가구들만 보아도 후쿠신로가 지켜온 전통의 일면이 엿보인다.

명물 '하카타 사라우동博多皿うどん(쟁반우동)'은 쇼와시대 초기에 2대 사장 장 씨가 지금의 형

후쿠신로 History

(왼쪽) 1940년경 자리를 옮기기 전 식당 외관. (왼쪽 위) 1935년경의 전단지. (오른쪽 위) 당시의 메뉴판.

후쿠신로는 히가시나카스에서 창업한 후 덴진을 거쳐 현재의 이마이즈미로 이전했다. (왼쪽) 덴진 시절의 식당 외관. (왼쪽 위) 1975년경의 외관. (오른쪽 위) 히가시나카스로 옮긴 당시의 외관. (오른쪽 아래) 1965년경의 히가시나카스 매장.

태로 만들었다. 냉장고가 널리 보급되지 않았던 시절에 상하기 쉬운 짬뽕 면을 기름에 볶아 오래 보존하고자 한 것이 시초였다. 이 면을 활용하는 과정에서 국물에 면을 넣고 끓였다가 다시 볶는 독특한 조리법이 탄생했다. 이것이 '하카타 사라우동'의 원형이 되었다. 부드러움 속에 쫄깃함이 숨어 있는 독특한 식감은 이 제조법이기에 가능한 것이다. 매년 3만 그릇 이상이 판매될 만큼 손님들 대부분이 주문하는 대표 메뉴다.

그 밖에도 창작 요리나 본격 중화요리를 다양하게 갖추고 있을 뿐만 아니라, 숙련된 요리사가 눈 앞에서 솜씨를 발휘하는 '장씨 주방(장스 키친)'에서는 생생한 조리 현장도 즐길 수 있다. 일상적인 식사부터 연회 자리까지 폭넓게 활용되는 이곳은 창업 이래 100년이 넘는 세월 동안 후쿠오카에 뿌리내린 중화요리의 맛을 계속해서 제공하고 있다.

미니 특집 그 세번째

포장 전문 노포
집에서 즐기는 백년의 맛

바쁜 일상 속에서도 노포의 맛을 간편하게 즐길 수 있다는 점이 포장 전문 식당의 매력이다. 유부초밥을 일회용 용기에 담아 포장해도 좋고, 갓 쪄낸 고기만두를 그 자리에서 먹어치워도 좋다. 100년이 넘는 역사를 지니고서 지금도 일본의 일상에 스며들어 있는 두 가지 맛. 요코하마와 고베, 두 도시에서 사랑받는 포장 전문 노포를 찾아갔다.

가나가와 KANAGAWA

이즈헤이 泉平

효고 HYOUGO

로쇼키 老祥記

미니 특집 그 세번째
포장 전문 노포 - 집에서 즐기는 백년의 맛

가게 안 진열장에는 포장 상품 샘플이 늘어서 있다.

since 1839 가나가와
이즈헤이 泉平
神奈川県横浜市中区尾上町 5-62

(왼쪽) '이나리즈시'는 한 손으로 들고 먹기 좋도록 가늘고 길게 모양이 잡혀 있다.

(오른쪽) 간판 메뉴 3종 모둠인 '오코노미'.

    JR 간나이関内역 북쪽 출구에서 도보 3분, 바샤미치 교차로 모퉁이에 1839년에 개업한 포장 전문 스시집 이즈헤이가 있다.

    창업주 이즈미야 헤이자에몬 씨가 에도에서 요코하마로 이주하여 에도마에즈시江戸前寿司(가공한 생선으로 초밥을 만드는 에도 지역 향토음식) 식당을 열었고, 2대 사장이 '이나리즈시いなり寿司(유부초밥)'를 간판 메뉴로 삼았다. 쇼와시대 후기에는 포장 전문점으로 전환했다. 명물은 가늘고 긴 형태가 특징인 '이나리즈시'. 항구 건설현장 인부들의 손에 들고 먹기 편하도록 고안한 디자인으로, 보기에는 소박하지만 그 맛은 깊이가 있다. '간표마키かんぴょう巻(박고지 꼬마김밥)'나 '나카마키中巻き(두세 가지 속재료를 넣은 김밥)'도 인기가 많으며, 세 가지 메뉴를 모둠으로 파는 '오코노미', '이나리즈시'와 '간표마키'를 세트로 구성하는 '마제'가 주력 상품이다.

    본점 외에도 여러 지점을 운영하는 이즈헤이의 맛은 요코하마의 소울푸드로서 많은 사랑을 받고 있다.

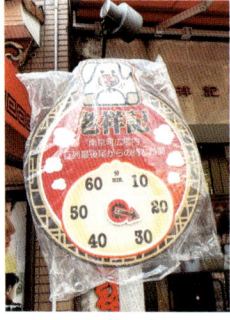

(왼쪽 위) 줄을 서면 소요 시간을 알려주는 간판. 대기 시간을 감안해서 여유롭게 오는 편이 좋다.

since **1915** 효고

로쇼키 老祥記
兵庫県神戸市中央区元町通 2-1-14

HYOUGO

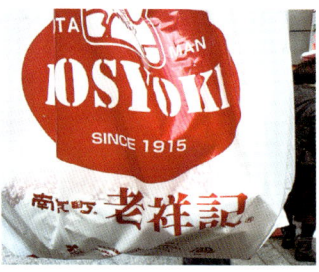

원조 '부타만주'는 5개 세트와 10개 세트가 있으며 샤오룽바오같이 한입 크기로 만들어진다.

고베 난킨마치南京町(차이타타운) 안에서도 유독 긴 대기 줄이 늘어서는 곳이 바로 1915년에 개업한 로쇼키다. 중국 저장성에서 고베로 건너온 창업주 소쇼키 씨가 고향의 맛 톈진 바오쯔(만두)를 간장맛으로 변형하여 '부타만주豚饅頭(고기만두)'라는 이름으로 판 것이 시작이었다. '부타만주'는 아기의 주먹 정도 되는 한입 크기로, 정통 톈진 바오쯔의 크기를 고수하고 있다. 만두피에는 창업주가 중국에서 가져온 누룩이 지금도 쓰이고 있으며, 쫄깃한 식감이 매력적이다. 오래 줄을 설 가치가 있는 고기만두, 변함없는 그 맛을 즐기고 싶다면 이곳에 꼭 방문해보자.

5부 노포의 자존심을 건
　　　전통의 맛
스시·덴푸라·우나기

스시, 덴푸라, 우나기. 에도시대부터 서민들이 즐겨 먹던 요리가 지금은 일식을 대표하는 존재가 되었다. 수고를 아끼지 않은 손질과 기술, 재료를 살린 연구에 노포만의 자존심이 담겨 있다. 전통의 맛을 지금까지 쭉 지키고 있는 유명 식당들의 요리를 맛보자.

달걀·오보로·등푸른생선·흰살생선·새우 등 7종을 담은 전통 대나무 잎 말이 초밥 '게누키스시 7개 세트'. 대나무잎 향과 식초 숙성의 절묘한 조화를 즐길 수 있다.

since 1702 도쿄
사사마키케누키스시 총본점
사사마키케누키스시소혼텐
笹巻けぬきすし総本店

東京都千代田区神田小川町 2-12

대나무 향과 식초가 자아내는 맛 | 전통의 게누키스시

지하철 오가와마치小川町역에서 도보 3분, 옛 나카센도 길가의 간다오가와마치에 위치한 사사마키케누키스시 총본점은 1702년에 개업했다. 현존하는 도쿄의 식당 중 가장 오래된 스시 식당으로, 300년 이상 전통의 맛과 명맥을 지켜온 노포다. 지금의 상호명은 사사마키케누키스시 총본점이지만, 창업 당시에는 '게누키스시毛抜鮓('게누키'는 털을 뽑는다는 뜻)'로 이름을 알렸다. 가게 이름의 유래에는 여러 가지 설이 있는데, 생선 뼈를 핀셋으로 정성껏 발라내던 장인의 기술에서 유래되었다고도 전해진다.

이 가게의 간판 메뉴인 '게누키스시けぬき鮨'는 준비에만 며칠이 걸리는 정성이 담긴 스시다. 먼저 소금을 뿌려 밑간을 하고, 1차 식초로 절인 후, 2차 식초에 재우는 과정을 거친다. 냉장 설비

스시·덴푸라·우나기

사사마키케누키스시 총본점

(위) '창업 겐로쿠 15년(1702년)'이라는 간판을 내건 매장 외관. (왼쪽 위) 매장 안에 적힌 식당의 유래. (왼쪽) 쇼케이스에 진열된 각종 포장 세트.

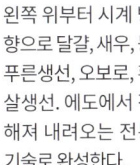

왼쪽 위부터 시계 방향으로 달걀, 새우, 등 푸른생선, 오보로, 흰살생선. 에도에서 전해져 내려오는 전통 기술로 완성한다.

가 없던 시대에도 오래 보관할 수 있도록 고안된 방법이다. 마무리로 대나무 잎으로 감싸 살균 효과뿐만 아니라 특유의 향을 더한다.

'게누키스시'는 3개·5개·7개 세트가 있으며, 7개 세트에는 달걀, 오보로おぼろ(생선살을 삶아 간 후 양념해서 볶은 것), 김×2, 등푸른생선, 흰살생선, 새우 등 총 7종이 담겨 있다. 대나무 잎 향과 식초의 묘미를 즐기기 좋은 구성으로, 새우처럼 식초를 살짝 입힌 것부터 등푸른생선처럼 푹 절인 것까지 각 재료에 맞게 전통 기법이 적용되어 있다. 매장 안에서 식사뿐만 아니라 포장도 가능하다. 평일 점심시간에는 우시오지루潮汁(남은 생선살로 우린 맑은 국)나 덮밥과의 세트도 마련되어 있다. 이곳은 맛뿐만 아니라 에도 스시 문화 그 자체를 전하는 소중한 존재다. 스시를 좋아한다면 꼭 한번 방문하고 싶은 노포다.

'도로'의 발상지격 노포에서 맛보는 먹음직스러운 도로 스시 세트. 다 먹은 뒤 좋아하는 스시 종류를 추가로 시키는 것도 가능하다.

since 1879　도쿄
요시노즈시 본점 吉野鮨本店
요시노즈시혼텐
東京都中央区日本橋 3-8-11

'도로'라는 이름을 탄생시킨 일화 | 에도 스시 노포 식당의 맛

　도쿄역에서 도보로 10분 정도 거리에 위치한 요시노즈시 본점은 지금의 스시 형태를 발명했다고 전해지는 일식 패밀리 레스토랑 하나야요헤이華屋与兵衛의 계보를 잇는 유서 깊은 노포다. 창업연도는 1879년. 멀리서도 한눈에 들어오는 커다란 간판과 점심때마다 이어지는 긴 줄이 특징이다. 요시노즈시 본점이라고 선명하게 적힌 노렌이 입구의 커다란 미닫이문 위에 걸려 있어 오랜 역사가 느껴지면서도 어딘가 친근한 분위기를 풍긴다. 창업 이래 수많은 간판 메뉴를 탄생시킨 이 가게에서 꼭 맛보아야 할 것은 바로 '도로トロ(참치뱃살)'다. 지금은 고급 재료의 대명사가 된 도로라는 이름은 사실 이 가게에서 유래되었다고 알려져 있다. 냉동 기술이 발달하지 않았던 시절, 기름기가 많아 상하기 쉬웠던 뱃살 부위는 불에 익혀 먹거나 여차하면 폐기되기

하나야요헤이의 계보를 잇는 에도 스시의 기술과 전통

스시 · 덴푸라 · 우나기

요시노즈시 본점

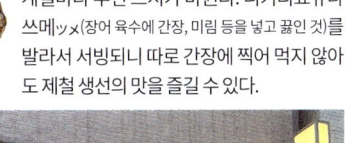

계절마다 추천 스시가 바뀐다. 니키리쇼유나 쓰메ツメ(장어 육수에 간장, 미림 등을 넣고 끓인 것)를 발라서 서빙되니 따로 간장에 찍어 먹지 않아도 제철 생선의 맛을 즐길 수 있다.

좋아하는 것을, 좋아하는 만큼. 장어나 간표마키(박고지말이)에서도 에도 특유의 기술이 빛난다.

도 했다. 익히지 않고 제공하기 시작했을 무렵에는 '아부アブ(기름)'나 '단다라段だら(얼룩덜룩한 가로무늬)'라는 명칭으로 부르다가, 입에 넣으니 살살(일본어로 '도로토로') 녹는 것 같다는 손님의 말을 듣고 '도로'라는 이름으로 정했다는 일화가 들려온다.

    개업 당시부터 스메시酢飯(스시용 밥)에는 적초와 소금만이 사용되며, 깔끔한 신맛이 초밥재료(네타) 본연의 풍미를 한층 돋보이게 한다. 에도 스시의 전통에 따라 모든 네타는 한차례 가공을 한 후 니키리쇼유煮切りしょうゆ(간장에 물, 미림 등을 넣고 끓인 것)를 발라 제공한다. 간판 메뉴인 '도로'는 물론 모든 재료에서 오랜 세월 이어져온 장인의 기술과 시대의 흐름에 따른 진화의 자취를 느낄 수 있다. 붉은식초로 간한 샤리, 니키리쇼유, 그리고 확고한 기술이 자아내는 에도 스시의 진수를 마음껏 만끽할 수 있다.

'고슈니기리'는 에도 스시보다 약간 큰 스시에 특제 고슈 양념이 발라져 나온다. 야마나시의 노포에 전해져 내려오는 독자적인 스시 문화다.

since 1910 | 야마나시

우오야스 魚保

山梨県甲府市太田町 20-6

고후에서 가장 오래된 스시집 | 달달한 향의 명물을 맛보다

　　JR 고후甲府역에서 차로 약 7분. 주택가 한쪽에 큰 간판을 내건 우오야스는 1910년에 창업하여 지금은 고후 시내에서 가장 오래된 스시 가게 중 하나다.
　　야마나시현은 내륙 지방이라 '바다 없는 현'이지만, 인구 대비 스시 식당의 수는 전국 최상위권이고, 유독 스시를 좋아하는 지역 특성 또한 유명하다. 예전에는 신선한 생선을 구하기 어려웠던 탓에 스시 문화도 독자적으로 발전해왔다.
　　그 대명사가 '고슈니기리甲州にぎり(고슈스시)'라 불리는 스타일이다. 다소 큼직하게 만든 스시에 달콤한 간장 소스인 니키리다레煮切りだれ(쓰메ツメ)를 발라주는 것이 특징이다. 이 '고슈니기리'를 맛볼 수 있는 가게는 몇 군데가 있지만, 우오야스는 그 원조로 현지에서 알려져 있으며,

넓은 연회장을 갖춘 대형 매장. 현대적으로 리모델링되었지만 이곳저곳에서 전통이 느껴지는 구조다.

스시·뎀푸라·우나기 / 우오야스

고슈 양념은 붓으로 발라준다. 달고 진해서 나도 모르게 자꾸만 손이 가는 맛이다.

   고슈니기리라고 하면 가장 먼저 언급되는 노포다. 우오야스에서는 일반적인 스시와 특제 고슈 양념을 바른 '고슈니기리'를 모두 팔고 있다. 처음 방문했다면 꼭 '고슈니기리'를 먹어보자. 식초 맛이 강한 초밥에 재료와 양념의 단맛이 어우러져 자꾸만 손이 가는 신기한 맛이다. 양념은 별도로 제공되니 취향에 따라 더 달게 즐길 수도 있다. 이 특제 양념은 '고슈치라시 甲州ちらし(고슈 지방 스타일의 지라시즈시)'나 '고슈텟카돈 甲州鉄火丼(고슈 지방 스타일의 생선회덮밥)' 같은 메뉴에도 사용되어, 이 가게 특유의 맛으로서 자리 잡았다.

   초밥뿐만 아니라 덮밥류와 면류, 단품 요리까지 다채로운 메뉴가 남녀노소 모두에게 사랑받는다. 누구나 '마음에 쏙 드는 한 접시'를 가진 가게로, 주말이면 지역 주민들로 북적인다. 고후를 방문한다면 꼭 들르고 싶은 식당이다.

명물은 '아유즈시'. 제철에는 어린 은어를 통째로 올린 스시도 등장한다. (아래) 코스로 제공되는 다채로운 은어 요리.

since 1180년대 후반 | 나라
쓰루베스시 야스케 つるべすし 弥助
奈良県吉野郡下市町下市 533

요시노가와 강가에 자리한 | 일본에서 가장 오래된 스시 가게

긴키닛폰철도近畿日本鉄道 시모이치구치下市口역에서 도보 15분, 가장 가까운 버스 정류장에서 도보 2분 정도. 요시노산吉野山의 입구에 해당하는 시모이치의 중심부, 요시노가와吉野川 강변에 일본에서 가장 오래된 스시 가게로 알려진 쓰루베스시 야스케가 있다.

창업은 1180년대 후반으로 800년 이상 예나 지금이나 변함없는 상호를 내걸고 이어져온 노포다. 이곳에는 헤이케平家 가문의 패잔병 전설이 남아 있다. 그로부터 탄생한 이야기가 일본 극문화인 분라쿠文楽(인형극)와 가부키歌舞에서 공연하는 <요시쓰네 센본자쿠라義経千本桜>다. 그중 제3막 스시 식당 장면에 등장하는 것이 바로 이곳의 쓰루베스시 야스케였다고 전해진다. 가게를 지키는 다쿠다 가문도 헤이케의 후예로 전해지며, 지금은 50대 사장인 다쿠다 다로 씨가 경영 중이다.

명물은 '아유즈시鮎鮨(은어스시)'이다. 예전에는 '반숙 스시'라 부르던 숙성 초밥을 제공했으나,

(위, 오른쪽) 쇼와시대 초기에 재건된 주홍색 목조 3층 건물. (오른쪽 아래) 중정이 보이는 방은 계절마다 분위기가 달라진다.

스시·덴푸라·우나기   쓰루베스시 야스케

게이초 연간(1596~1615년) 교토 센토고쇼에 '쓰루베つるべ鮓'를 진상하던 시절의 간판.

현재는 생은어를 상자에 담아 눌러 만드는 오시즈시押し鮨가 중심이다. 쓰루베스시라는 이름의 유래는 당시 초밥을 담는 용기가 우물물을 긷는 두레박인 쓰루베釣瓶와 닮았기 때문이었다.

현재 주력 메뉴는 '아유즈시'를 포함하여 은어를 중심으로 한 코스 요리다. '탕수 은어鮎の野菜あんかけ'도 있고, 계절에 따라서는 은어 사시미도 등장한다. 제철에는 어린 은어를 활용한 스가타즈시姿鮨(생선 모양을 그대로 살려서 샤리(초밥용 밥)를 감싼 스시)도 판매한다. 은어를 제대로 꿰뚫고 있는 이 가게만의 특별한 메뉴가 즐비하다.

식당 건물은 3층 규모의 목조 건물로 1938년에 재건되었다. 붉은색 산화철 안료인 벵갈라로 칠해져 길가에 당당히 자리 잡고 있다. 매장 안에는 크고 작은 자리들이 총 80석이 있고, 객실마다 옛 정취가 살아 있다. 중정은 계절마다 다른 풍경을 보여준다.

오래된 가구나 분라쿠·가부키 관련 소품도 많아 가극 팬의 성지로도 알려져 있다. 역사, 은어, 연극이 한데 모인 유일무이한 노포다.

'덴돈 상'. 참깨기름에 튀긴 덴푸라에 진한 양념을 뿌리는 에도식 전통이 지금도 이어지고 있다. (아래) 역사가 느껴지는 매장 인테리어에도 깊이가 있다.

since 1869 | 이바라키
호타테 식당 保立食堂
호타테쇼쿠도
茨城県土浦市中央 1-2-13

해군 마을의 역사가 살아 숨 쉬는 곳 | 에도식 덴돈과 아라지루를 맛보다

　　JR 쓰치우라土浦역에서 도보 약 10분. 쓰치우라성 성터 근처, 나카조도리에 자리한 호타테 식당은 1869년에 개업한 노포다. 원래 생선 가게로 시작했다가 훗날 식당으로 전환했다. 5대 사장이 아사쿠사에서 튀김을 배운 것을 계기로 에도식 덴푸라를 간판 메뉴로 한 지금의 형태로 자리 잡았다. 한때 해군의 거점이었던 쓰치우라 거리에서 호타테 식당이 해군 연습생 훈련소의 '지정 식당' 중 하나로 지정되어 2층 좌식 공간은 해군 연습생과 가족들의 면회 장소로 사용되었다. 현재 2층은 주거 공간으로 사용되지만, 마름모꼴 지붕이 얹힌 목조 2층 건물에는 지금도 역사의 흔적이 남아 있다. 매장 내에는 입식 테이블과 좌식 테이블이 있으며, 옛날의 식당 분위기가 지금도 고스란히 보존되어 있다.

　　덴푸라는 참깨기름을 베이스로 한 오리지널 배합 기름에 주문을 받을 때마다 하나하나 정성

스시·덴푸라·우나기 호타테 식당

수수한 노렌이 걸린 가게 입구. 계산대 옆 튀김 조리대에 참깨기름의 고소한 향이 감돈다.

덴푸라는 가게 앞에서도 판매한다. 길을 걷던 사람들이 잇따라 들러서 구입한다.

껏 튀겨낸다. 선대로부터 이어받은 에도 요리의 전통을 지금도 변함없이 지키고 있다. 명물 '덴돈天丼'은 '일반'과 '상' 두 가지 종류로 판매한다. '상'은 큰 새우튀김 두 개와 가운데에 작은 새우, 작은 관자, 파드득나물을 넣은 큰 가키아게가 올라가며, 진한 양념이 식욕을 돋운다. 보기에나 맛으로나 만족감이 넘쳐 한 그릇만 먹어도 배를 든든히 채울 수 있다.

덴돈과 함께 나오는 '아라지루あら汁(남은 생선을 넣고 끓인 미소시루)'도 창업 당시부터 이어져온 가장 오래된 메뉴다. 굵직하게 썬 쓰치우라산 두부와 생선 육수가 어우러진 '아라지루'의 깊은 맛은 덴돈이나 덴푸라와 함께 빼놓을 수 없는 존재다.

갓 튀긴 덴푸라를 제공하기 때문에 줄을 서거나 기다려야 하는 시간도 있지만, 역사가 살아 있는 공간에서 차분하게 여유를 가지는 그 시간 또한 이 가게만의 즐거움이라 할 수 있다.

'특상돈'은 큰 새우튀김 3개와 가키아게가 올라간 푸짐한 요리다. 참깨기름의 고소함과 진한 양념 맛이 식욕을 돋운다.

since 1837 　도쿄
가미나리몬 산사다 雷門三定
東京都台東区浅草 1-2-2

참깨기름 향 가득한 에도 요리 | 일본에서 가장 오래된 덴푸라집

도쿄 아사쿠사의 랜드마크인 가미나리몬(센소지 절의 정문) 바로 동쪽에 자리 잡은 가미나리몬 산사다는 1837년에 창업하여 현존하는 일본의 덴푸라 식당 중에서 가장 오래된 곳이다. "첫째는 아사쿠사, 둘째는 관음상, 셋째는 산사다의 덴푸라"라는 캐치프레이즈로도 알려져 있다.

1885년에 지금의 자리로 이전한 뒤로부터 간토 대지진과 도쿄 대공습 등 수많은 난관을 극복하며 에도식 덴푸라의 전통을 지켜온 아사쿠사 대표 노포 식당이다.

창업주 사다키치 씨는 현재 아이치현인 미카와노쿠니 지방 출신이다. 1831년에 에도로 상경해 달걀 도매업을 하다가 니혼바시 닌교초에서 덴푸라 노점을 열었다. '산사다三定'라는 가게 이름은 '미카와야 사다키치三河屋定吉'에서 두 글자를 따온 것이며, 가게 유니폼에 그려진 달걀 문양은 과거에 했던 달걀 장사를 상징한다.

스시·덴푸라·우나기 　가미나리몬 산사다

입구에는 일본어와 영어로 적힌 메뉴판과 요리 샘플이 진열되어 있다. 가미나리몬으로 가던 행인들이 발걸음을 멈추고 잇따라 식당으로 들어온다.

쇼와시대 초기의 식당 풍경. '덴돈'을 단 100엔에 먹을 수 있던 그리운 시절이다.

　가미나리몬도리雷門通り(가미나리몬 거리)에 인접한 본관은 전통적인 다도관풍 목조 건축물이라 식사를 하면서 일본 전통 건축의 멋도 즐길 수 있다. 가게 앞에서는 포장 주문을 받으며 '아게만주揚げまんじゅう(튀긴 찐빵)'를 판매하는데, 이 또한 인기를 모으고 있다. 가미나리몬 산사다의 튀김은 전통적인 에도식 조리법을 지켜 고소한 참깨기름으로 튀기는 것이 특징이다. 약간 두껍고 촉촉한 튀김옷에 진하고 달콤한 양념이 잘 배어 먹는 이에게 활력을 주는 맛이다.

　위치 특성상 외국인 관광객도 많아 외국어 메뉴판도 완비되어 있지만, 일본인 관광객이나 단골 주민들도 많이 찾는다. 테이크아웃으로 주문하는 현지 손님과 점원의 대화에서 옛날 아사쿠사 풍경이 고스란히 느껴져 마음이 훈훈해진다. 에도식 덴푸라의 전통을 지키며 현지인과 관광객 모두에게 사랑받는 식당이다.

'덴돈 하'. 튀김 재료는 계절마다 바뀐다. 방문 당시는 초여름이라 옥수수와 근교에서 잡은 어린 참돔이 포함되어 한층 섬세한 맛을 더했다.

since 1889 | 도쿄
도테노이세야 土手の伊勢屋
東京都台東区日本堤 1-9-2

문화재 건축물에 살아 숨 쉬는 가게 | 요시와라의 기억과 명물 덴돈

　한때 유곽으로 번성했던 요시와라의 초입, 요시와라오몬吉原大門 교차로 바로 앞에 도테노이세야가 우뚝 서 있다. 1889년 창업한 이래로 평일과 휴일을 가리지 않고 줄이 길게 늘어서는 인기 덴돈 전문점이다. 창업주 와카바야시 기사부로 씨가 이세 출신이고, 식당 건물이 니혼즈쓰미('즈쓰미'와 '도테'는 모두 제방을 의미) 앞에 있었던 점에서 가게 이름을 정했다. 창업 초반에는 24시간 영업하며 요시와라 유곽에서 일하는 여성들이나 새벽에 귀가하던 손님들이 즐겨 찾았고, 요시와라 내부로 요리를 배달하는 등 유곽의 문화를 지탱하는 곳이기도 했다. 지금의 건물은 1927년 간토 대지진으로 붕괴된 후에 재건한 것이다. 도쿄 대공습의 피해를 기적적으로 면했으며, 현재는 일본의 유형문화재로 지정되어 있다. 매장 내의 간유리나 튀김 재료를 형상화한 간

추억의 식당 풍경

쇼와시대 초기, 간토 대지진 이후 재건된 매장 건물. 당시 간판에는 덴돈 가격이 40전으로 쓰여 있었다.

덴푸라의 대표격인 새우를 형상화한 디자인이 가게 곳곳에 그려져 있다. (왼쪽) 요시와라 유곽 배달용으로 들고 다니던 도시락함도 보관 중이다.

판 디자인에서 쇼와시대 초기 건축 기술이 엿보인다.

 명물 '덴푸라'는 참깨기름에 옥수수기름 등을 배합한 특제 기름으로 튀겨 전통적인 향과 가벼운 식감을 동시에 구현한다. '덴돈天丼'은 '이イ' '로ロ' '하ハ' 총 세 가지로 나뉘며, 각각 덴푸라 재료의 양은 다르지만 각종 해산물과 채소를 모두 활용하는 전통 레시피를 따른다. 계절에 맞는 식재료를 사용해 봄에는 학꽁치, 여름에는 어린 참돔과 보리멸, 가을에는 붉은돔 등 제철의 신선한 맛을 즐길 수 있다. 흰살생선은 포를 뜨지 않고 통째로 튀겨내 두툼하고 촉촉한 식감과 단맛, 감칠맛이 특징이다. 이처럼 정성스러운 손길을 미각으로 느낄 수 있다는 점이 이곳의 최대 매력이다. '덴돈'의 맛뿐만 아니라 건축의 품격, 그리고 최근 다시 주목받기 시작한 요시와라와의 깊은 관련성 등 다양한 매력으로 가득한 노포다.

어획량 감소로 희귀해진 칠성장어덮밥. 장어 간을 연상시키는 쓴맛과 독특한 풍미가 특징이다.

since 1926 도쿄
야쓰메야 니시무라 八ツ目やにしむら
東京都豊島区巣鴨 3-34-2

지조도리의 노포에서 | 칠성장어와 장어덮밥을 맛보다

JR 야마노테선山手線과 도에이미타선都営三田線의 스가모巣鴨역에서 가까운, '할머니들의 하라주쿠'라 불리는 스가모지조도리 상점가 한가운데. 이곳에 1926년에 창업한 야쓰메야 니시무라가 여전히 노렌을 걸고 있다. 쇼와시대의 정취와 북적거리는 활기가 남아 있는 지역에서 묵묵히 힘 있게 영업을 이어가는 노포다.

창업주 니시무라 다케지로 씨는 후쿠오카에서 상경한 후 도쿄에서 잘 다루지 않는 것을 팔아 보겠다며 칠성장어八ツ目うなぎ(야쓰메우나기)에 주목했다. 칠성장어는 장어와 비슷하게 생겼지만 물고기가 아닌, 칠성장어과에 속하는 특이한 종이다. 독특한 쓴맛과 식감, 높은 영양가 덕분에 지금도 마니아들에게 꾸준히 사랑받고 있다. 최근에는 어획량이 줄어 일반 음식점에서 보기 드물어졌지만, 이 식당에서는 재료가 들어오면 덮밥이나 가바야키(양념구이)로 맛볼 수 있다.

1층은 테이크아웃, 2~3층은 식사 공간이다.

스시·덴푸라·우나기 야쓰메야 니시무라

야쓰메야 니시무라 History

1926년 스가모에 야쓰메야 니시무라를 열었다.

1955~1965년경, 2대 사장이 물려받았다.

2002년, 3대 사장이 물려받았다.

1945~1955년경, 가게 앞에서 꼬치구이를 먹는 손님들.

1965~1975년경, 식당 일대 풍경.

2005년, 새 건물이 완공되었다.

요즘은 칠성장어뿐만 아니라 비장탄에 구수하게 구워내는 본격 장어 요리로도 유명하다. 창업 당시부터 이어져 내려오는 진한 비법 양념과 밥이 찰떡궁합을 자랑하는 장어덮밥은 노포의 명성에 걸맞은 일품이다. 꼬치 요리나 단품 메뉴도 다양하다. '기모야키肝焼き(장어 간 꼬치)'나 '가부토야키かぶと焼き(장어 머리 꼬치)', 용이 칼에 감긴 모습을 본뜬 '구리카라くりから(장어 살을 꼬치에 물결 모양으로 꽂은 것)' 등 눈으로 즐기기 좋은 메뉴들도 많다. '우자쿠うざく(오이 장어 초무침)' '우마키うまき(장어 달걀말이)' '기모와사肝わさ(장어 간 와사비무침)' 등 술과 잘 어울리는 안주도 많아 저녁에 술 한잔하기에도 안성맞춤이다. 장어덮밥 등은 포장 판매도 하고 있어 손님들이 끊이지 않는다. 꼬치구이나 일품 요리로 술을 즐긴 뒤 마무리로 장어덮밥을 먹는 코스는 단골들이 즐겨 찾는 니시무라만의 묘미다.

장어는 껍질을 위로 향하게 내어준다. 찌고 나서 굽는 간토식 조리법에 아이디어를 더해 고소함을 한 층 끌어올렸다.

since 1800년대 후반 　아이치

마루요 丸よ

愛知県豊橋市札木町 50

역사가 깃든 옛 혼진 터에서 | 고소한 별미 장어를 먹다

　　아이치현 도요하시시, 옛 도카이도 주변의 후다기초에 메이지시대 초기에 문을 연 노포 장어집 마루요가 영업을 하고 있다. 한때 도카이도의 역참 중 하나인 요시다주쿠의 혼진本陣(다이묘 등 고위층이 머물던 공인 여관)이 있던 자리에 지어졌으며, 품격 있는 가게 외관이 고즈넉한 마을 풍경에 자연스럽게 녹아 있다.

　　마루요는 에도 후기에 개업한 일본 요릿집 오리세이織淸를 뿌리로 한다. 요리장과 게이샤가 도코로 스카우트되어 떠난 후, 지배인 나카야마 요키치 씨가 가게 이름을 마루요로 바꾸어 이어나갔다. 장어 요리는 당시의 양념과 조리법을 계승하여 지금까지 유지 중이다.

　　일본어 '벳핀別嬪(미인)'이라는 단어의 시초가 마루요에서 출발했다는 말도 있다. 원래는 '특별히 품격 높은 물건'을 뜻하는 '벳핀別品'에서 응용된 말인데, 에도시대의 무사이자 화가인 와타

스시·덴푸라·우나기 **마루요**

마루요는 일찍이 요시다주쿠 혼진 터에 세워진 노포다. 과거에 혼진이었음을 나타내는 석비가 옆에 남아 있다.

(위) 아름다운 옛날식 인테리어가 눈에 띈다. 전쟁을 겪고 나서 재건된 건물이다. (오른쪽) 수조 안에서 어린 장어가 조용히 헤엄치고 있다.

나베 가장의 아들 와타나베 쇼카가 "대단히 빼어난 물건頗る別品"이라는 문구를 내세워 이곳의 장어를 홍보한 것이 시초라고 한다. 지금도 흔히 쓰이는 이 말이 이 식당에서 유래했다는 점에서 노포의 오랜 역사를 짐작할 수 있다.

　마루요의 장어는 간토식 조리법으로 한 번 쪄서 구워내고, 손님에게 제공할 때는 껍질이 위를 향하도록 담는다. 고소하게 구워진 껍질에 양념을 더해 풍미가 한결 두드러지도록 아이디어를 낸 것이다. 특제 양념은 미카와 지역의 다마리간장たまり醬油을 사용해 만드는데, 오리세이 시절부터 꾸준히 전수되는 비법이다. 다마리간장은 진한 색이 특징이지만 짠맛은 그리 강하지 않아 부드러운 단맛과 깊은 풍미가 여운을 남긴다. 숯불구이의 향, 질기지 않은 살코기, 양념의 고소함이 하나된 이 요리는 그야말로 '벳핀'이라 할 만하다. 장어 애호가라면 꼭 한번 맛보아야 할 각별한 맛이다.

명물 '특상 긴시주'. 양념구이 위에 얇고 부드러운 달걀지단을 돌돌 말아 올린 요리다. '돈'과 '주' 두 가지 종류가 있다.

since 1872 시가
오사카야마 가네요 본점 逢坂山 かねよ 本店
오사카야마 가네요 혼텐

滋賀県大津市大谷町 23-15

오사카야마 옛 관문 터에서 | 명물 '긴시주'를 맛보다

교토와 시가현 경계, 오사카야마 산기슭. 옛 도카이도의 오사카야마 관문이 있던 곳에서 도보 2분 거리에 1872년에 창업한 노포 장어집 오사카야마 가네요 본점이 자리 잡고 있다. 주말이면 근방에 차량들의 긴 행렬이 생길 정도로 인기 많은 식당이다. 에도시대 말기 오사카야마의 찻집 가네분かね文의 손님이었던 요네키치 씨와 찻집 딸 쓰루가 결혼을 하여, 가네분의 '가네'와 요네키치의 '요'를 합쳐 가네요라 이름 짓고 장어 식당으로 장사를 시작했다.

창업 당시부터 맛이 좋아 큰 인기를 모았으며, 다이쇼시대에는 시인 노구치 우조가 이곳을 찾은 후 "장어 요리는 오사카야마를 호령하는 가네요가 일본에서 으뜸"이라며 젓가락 봉투에 시를 적었다는 일화도 전해진다.

대표 메뉴는 장어덮밥, 그리고 장어덮밥 위에 큰 달걀말이를 올린 '긴시돈きんし丼'과 '긴시주

스시·덴푸라·우나기 오사카야마 가네요 본점

800평이나 되는 광활한 정원도 매력 중 하나다. 경치를 바라보며 맛보는 '긴시돈'은 각별한 맛이다.

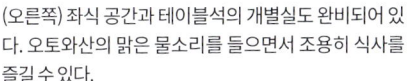

(오른쪽) 좌식 공간과 테이블석의 개별실도 완비되어 있다. 오토와산의 맑은 물소리를 들으면서 조용히 식사를 즐길 수 있다.

きんし重'다. 원래는 가늘게 채 썬 달걀지단을 올렸으나, 손님들의 재촉을 못 이기고 통째로 말아 제공했더니 도리어 호평을 받아 지금의 스타일로 정착했다. 육수가 푹 배인 얇은 지단을 여러 겹으로 말아낸 달걀말이와 고소한 장어구이의 궁합은 무척 조화로워 젓가락이 멈추지 않을 만큼 맛있다. 든든히 먹고 싶다면 '긴시돈'보다 양이 많은 '긴시주'를 추천한다.

오사카야마 가네요 본점의 매력은 장어 맛에서 그치지 않는다. 800평 규모의 넓은 부지에 품격 있는 건축물과 정원이 펼쳐져 있다. 《백인일수百人一首(일본의 시가 문학)》에서 후지와라노 사다카타가 읊은 시 구절에 나오는 '오사카야마의 사네카즈라(오미자과의 상록덩굴식물)逢坂山のさねかづら'가 지금까지 남아 있는 유일한 장소로도 알려져 있어 방문객에게 역사의 숨결을 느끼게 해준다. 관문의 기억이 살아 숨 쉬는 이곳에서 노포의 장어 요리를 맛보는 시간은 그야말로 각별하다.

명물 '우조후스이'는 구운 장어에 표고버섯과 채소, 떡, 달걀을 함께 넣어 끓인 육수 향이 깊은 죽이다. 통으로 썬 장어의 감칠맛이 돋보인다.

since 1620년대 교토

와라지야 わらじや
京都府京都市東山区西之門町 555

교토 전통 마치야에서 | 노포 장어의 진수를 맛보다

게이한전철京阪電鉄 시치조七条역에서 도보 3분 거리, 교토국립박물관과 산주산겐도三十三間 堂(천태종 사원)에서 가까운 곳에 와라지야가 있다. 정확한 창업연도는 불분명하지만, 1620년대 에는 이미 운영 중이었던 것으로 전해진다. 근처에는 한때 일본 최대의 대불상이 있었다는 것으로 유명한 사찰 호코지方広寺가 있다. 그 대불을 세울 당시 도요토미 히데요시가 오사카에서 공사 상황을 보러 자주 찾아왔다는 기록이 남아 있다. 그때 히데요시가 이곳에서 짚신わらじ(와라지)을 벗고 쉬었다는 일화에서 와라지야라는 이름이 유래되었다고 한다.

와라지야 건물은 전통적인 교토 마치야町家(상점과 주택이 하나로 합쳐진 전통 건축물) 양식이다. 외관만 봐서는 그 규모를 짐작하기 어렵지만, 중정이 딸린 큰 구조의 건물을 감상하기 위해서라도 한번 찾아가볼 만한 가치가 있다. 입구에 걸린 노렌에는 간카쿠羹臕라는 말이 적혀 있다. "뜨

스시·덴푸라·우나기 와라지야

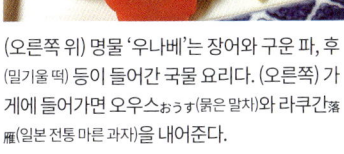

(오른쪽 위) 명물 '우나베'는 장어와 구운 파, 후 (밀기울 떡) 등이 들어간 국물 요리다. (오른쪽) 가게에 들어가면 오우스おうす(묽은 말차)와 라쿠간落雁(일본 전통 마른 과자)을 내어준다.

가로로 긴 구조의 건물로, 중정도 하나의 볼거리다.

거운 국물羹에 데여 잘게 썬 회膾까지 불어서 먹는다"라는 속담을 줄인 것이다. 쓸데없는 걱정을 한다는 비유이지만, 이곳에서는 "손님의 기억에 남는 맛을 공고히 지켜나간다"라는 의미로 가게의 흔들림 없는 신념을 나타내는 말로서 걸려 있다.

대표 메뉴는 장어가 들어가는 '우나베うなべ'와 '우조후스이うぞうふすい'다. '우나베'는 통으로 썬 장어가 들어간 국물 요리, '우조후스이'는 구운 장어가 들어간 죽으로 양쪽 모두 육수의 맛이 살아 있다. 양념구이에서는 느끼기 어려운 장어 본연의 강한 풍미와 깊은 맛을 느낄 수 있는 일품 요리다. 찌지 않고 구운 교토식 장어구이가 올라가는 '마무시돈まむし井(장어덮밥)'이나 '우마키' '우자쿠' 등 다른 장어 요리들도 풍성하게 갖추고 있다. 교토에서만 맛볼 수 있는 장어의 맛과 정취를 만끽할 수 있는 식당이다.

명물 '우나주'. 정성껏 손질한 장어를 찌지 않고 숯불에 향긋하게 구워낸다. 양념이 따로 나오기 때문에 취향에 맞게 간을 조절할 수 있다.

since 1908 　구마모토
우에무라 우나기야 上村うなぎ屋
熊本県人吉市紺屋町 129

재해를 딛고 다시 일어나 | 히토요시에 뿌리내린 전통의 맛

JR 히토요시人吉역에서 도보 약 10분, 구마가와 하류의 옛 거리 길가에 자리한 우에무라 우나기야는 1908년에 문을 연 장어 전문점이다. 한때 장어의 주요 산지로 알려졌던 히토요시와 구마 지역은 물론 구마모토현까지 대표하는 맛집이다. 2020년 7월에 호우로 인해 식당 2층까지 침수되는 등 막대한 피해를 입은 탓에 창업 이래로 쭉 지켜온 비법 양념 대부분이 유실되었다. 하지만 3개월의 휴업 기간 동안 정비를 마치고 영업을 재개했다. 이후에는 재해를 입은 마을에서 희망을 전하는 지역 부흥의 상징으로 주목받았다.

이 가게에는 창업 당시부터 계승되어온 양념과 전통 기술이 지금도 살아 숨 쉬고 있다. 장어는 일주일 정도 깨끗한 물에서 헤엄치게 하여 과한 기름기를 제거하고 탄탄하게 살이 오르게 만든다. 이후 주문이 들어오면 손질을 하는데, 찌는 과정을 거치지 않고 숯불에 단번에 구워내는

가게 입구. 휴일이면 바로 앞 대기 장소에 많은 사람들로 바글거린다.

화로, 오랜 소품들, 운슨카루타うんすんカルタ(서양식 트럼프 카드를 일본식으로 변형한 것), 유명인사가 종이에 그린 장어 그림 등이 가게 안에 장식되어 있다.

이곳만의 방식으로 조리한다. 덕분에 겉은 바삭하고 고소하며 속살은 부드러워진다. 양념을 골고루 바르는 것이 특징이지만, 단맛을 줄여 뒷맛이 깔끔하고, 별도 양념이 준비되어 취향에 따라 양을 조절할 수 있다. 인기 메뉴인 '우나주うな重(장어덮밥)'는 장어의 양에 따라 사이즈를 선택할 수 있다. 그중 '대' 사이즈는 밥 사이에 장어구이를 끼워넣은 2단 덮밥으로, 감칠맛을 최대치로 즐길 수 있는 푸짐한 요리다. 양념구이나 소금구이 같은 기본 메뉴 외에도 '미소야키味噌焼(미소구이)' '호바야키朴葉焼(박잎구이)', '우조스이う雑炊' '세이로무시せいろ蒸し(장어찜)' 등 정성이 가득한 장어 요리가 가득하다. 이처럼 다양한 조리법으로 장어 본연의 매력을 남김없이 이끌어내는 이곳에서 장어의 참맛을 마음껏 즐길 수 있다. 우에무라 우나기야는 끊임없는 연구와 노력을 통해 장어 미식 문화를 지역 사회에 정착시키고 다음 세대로 전승하는 고마운 식당이다.

맺음말

　노포 식당을 찾아다니기 시작한 것은 취업 때문에 도쿄로 올라온 후부터였다. 에도가와 강변 요릿집에서 고이코쿠鯉こく(둥글게 썬 잉어를 미소 국물에 넣고 끓인 것)나 장어 요리를 맛보고 난 뒤 사장님으로부터 "우리 가게는 에도시대 때부터 이어져왔습니다"라는 말을 듣고 깜짝 놀랐던 것이 계기였다. 가게의 모습이나 전통적인 맛에 깊은 감명을 받은 나머지, 이런 식당들이 다른 곳에 더 없을까 하는 호기심으로 탐방을 시작했다.

　독립을 하고 내 회사를 세웠을 무렵 "이왕이면 기록으로 남겨보자"라는 생각에 블로그 '노포 식당老舗食堂'을 운영하기 시작했다. 점차 식당 방문 횟수가 늘어나, 정신을 차려보니 약 6년 동안 일본 전국에 있는 식당 3천 곳을 방문하게 되었다. 대부분은 가족여행을 빙자한 노포 맛집 탐방 여행이 되었는데, 노포 순회에 응해주는 가족의 존재가 없었더라면 여기까지 오지 못했을지도 모른다.

　노포를 찾으면 찾을수록 노포 식당의 깊이에 점차 매료되어갔다. 노포 식당에는 단순히 맛에 그치지 않는 가치가 담겨 있어 식당을 통해 그 지역의 역사와 식문화를 배우는 계기가 되기도 한다. 예를 들어 면류가 발달한 지역에는 쌀 수확이 적은 땅이 많다는 점이나, 달콤한 간장 문화의 전파, 화과자의 다채로움, 면 요리 문화의 다양성 등 깊이 탐구해보고 싶어지는 주제들이 끊임없이 떠올랐다. 그중에서도 감명 깊었던 것은 창업 100년이 넘은 식당들의 3대, 4대째 사장님들과의 만남이었다. 전통을 고수하면서도 시대에 발맞춰 연구를 거듭하는 모습에서 일본의 장인정신이 강하게 와닿았다.

  노포는 일본에서 커다란 가치를 지닌 존재다. 수적으로 많기도 하지만, 다양한 개성과 지역 사회와의 강한 유대감에 일본의 정체성이 응축되어 있다. 최근에는 노포 식당이 외국인 관광객에게도 주목받고 있어 나에게 투어 가이드 요청이 오기도 한다. 이 책에서 소개한 식당들은 물론 세계에서 가장 오래된 숙박업소나 수백 년에 걸쳐 화과자를 만들어온 노포 등을 소개하면 여러 차례 일본에 와본 사람들도 "아직 내가 모르는 일본의 면모가 있었다니!"라며 놀라고는 한다. 앞으로 노포가 더 각광받는 날이 오리라고 믿는다.

  끝으로 늘 블로그 '노포 식당'에 들러주는 독자 여러분께 진심으로 감사드린다. "그 식당 가봤어요"라는 방문 후기나 다양한 정보를 나눌 때마다 내가 해온 이 활동의 의미를 새삼 실감한다.

  일본 어딘가의 노포 식당에서 여러분과 스쳐 지나갈 날이 오기를 진심으로 바란다. 언젠가 꼭 만날 수 있기를 빌며.

아이카와 도모키

노포 맛집 리스트

이 책에서 소개한 노포를 지역별로 정리했습니다(지역과 노포명은 가나다순).

지역	쪽	이름	일본어 독음	대표 메뉴
가가와香川	98	요코쿠라우동 ヨコクラうどん		쇼유우동 しょうゆうどん
가나가와神奈川	120	교쿠센테이 玉泉亭		산마완탄멘 サンマーワンタンメン
				반멘 バンメン
	108	도키와기 常盤木		네기차슈 ネギチャーシュー
				복어전골 ふぐ豆腐 (가을,겨울 한정)
	133	이즈헤이 泉平		유부초밥 いなり寿司
				간표마키 かんぴょう巻 (박고지 꼬마김밥)
	118	일중우호 식당 혼모쿠타마야 日中友好食処 本牧玉家	닛추유코쇼쿠도코로 혼모쿠타마야	혼모쿠덴돈 本牧天丼 (생선튀김덮밥)
교토京都	124	교토 중화 하마무라 京都中華 ハマムラ	교토주카 하마무라	가라시소바 からしそば
				자리치니쿠 炸裡背肉 (돼지고기튀김)
	92	마쓰바 본점 松葉 本店	마쓰바혼텐	니신소바 にしんそば
	156	와라지야 わらじや		우나베 うなべ (장어탕)
				우조후스이 うぞふすい (구운 장어죽)
구마모토熊本	43	덴가쿠야 田楽家		덴가쿠 田楽
	158	우에무라 우나기야 上村うなぎ屋		우나주 うな重 (장어덮밥)
	44	이마킨 식당 いまきん食堂	이마킨쇼쿠도	아카규돈 あか牛丼
군마群馬	54	야지마 식당 矢嶋食堂	야지마쇼쿠도	YAJIMA의 햄버그 정식(일본식) (YAJIMAのハンバーグ定食(和風))
기후岐阜	30	아지로테이 あじろ亭		미야베야 ミヤベヤ
나가사키長崎	71	식당 이치라쿠 めしどころ一楽	메시도코로 이치라쿠	히라도 짬뽕 平戸ちゃんぽん
	40	쓰루찬 ツル茶ん		도로코라이스 トルコライス
				밀크셰이크 ミルクセーキ
	38	중화요리 시카이로 中華料理 四海樓	주카료리 시카이로	짬뽕 ちゃんぽん
				쟁반우동 皿うどん
나라奈良	142	쓰루베스시 야스케 つるべすし 弥助		아유즈시 鮎鮨 (은어초밥)
니가타新潟	62	세키요켄 関洋軒		단시추 タンシチュー (소혀 스튜)
도야마富山	28	오이와칸 大岩館		오이와소멘 大岩そうめん
				뉴멘 にゅうめん (소멘 온국수)(동절기)
	122	하루노이로 식당 春乃色食堂	하루노이로쇼쿠도	주카소바 中華そば
				오뎅 おでん
				마루야마 まるやま
도치기栃木	82	노무라야 본점 野村屋本店	노무라야혼텐	미미우동 耳うどん
도쿄東京	146	가미나리몬 산사다 雷門三定		덴푸라 天ぷら
				아게만주 揚げまんじゅう (튀긴 찐빵)
	22	가와킨 河金		가와킨돈 河金丼 (돈가스 카레)
	86	간다 야부소바 かんだ やぶそば		세이로소바 せいろそば
	17	교에이도 共栄堂		수마트라 카레 スマトラカレー
	74	다카세 이케부쿠로 본점 タカセ 池袋本店	다카세 이케부쿠로혼텐	사바란 サバラン
	90	다카오산 다카하시야 高尾山 髙橋家		도로로소바 とろろそば

지역	쪽	노포	노포 일본어 독음	대표 메뉴
도쿄 東京	73	덴키야 홀デンキヤホール	덴키야호루	오무마키オムマキ
				유데아즈키ゆであずき
	85	도시마야東嶋屋		라이스카레ライスカレー
	148	도테노이세야土手の伊勢屋		덴푸라天ぷら
				덴돈天丼
	58	레스토랑 하토야レストラン鳩家		하토야 런치ハトヤランチ
				히레카쓰산도ヒレカツサンド
	18	렌가테이煉瓦亭		원조 포크 커틀릿元祖ポークカツレツ
				오므라이스オムライス
	114	만푸쿠萬福		주카소바中華そば
				포크라이스ポークライス
	59	무사시야むさしや		오므라이스オムライス
				나폴리탄ナポリタン
	136	사사마키케누키시 총본점 笹巻けぬきすし総本店	사사마키케누키시 소혼텐	게누키스시けぬき鮨
	20	사쿠라나베 나카에桜なべ 中江		사쿠라나베桜なべ(벚꽃전골)
	88	스나바 총본가砂場総本家	스나바소혼케	자루소바ざるそば
	56	식당 나가노야食堂 長野屋	쇼쿠도 나가노야	니쿠도후肉豆腐(고기 두부조림)
				사바노미소니サバの味噌煮(고등어 미소조림)
	107	야마리키山利喜		니코미煮込み(고기조림)
				야키톤やきとん(돼지꼬치구이)
	150	야쓰메야 니시무라ハッ目や にしむら		장어요리うなぎ(덮밥, 구이 등)
	60	양식 이리후네洋食 入舟	요쇼쿠 이리후네	덴시노 에비후라이天使のエビフライ
	16	오로지王ろじ		돈돈とん丼(돈가스 카레)
	14	요네큐 본점米久本店	요네큐혼텐	규나베牛鍋(소고기전골)
	138	요시노즈시 본점吉野鮨本店	요시노즈시혼텐	도로トロ(참치뱃살)
	12	이세겐いせ源		아귀 나베あんこう鍋
	24	이세히로 교바시 본점 伊勢廣 京橋本店	이세히로 교바시혼텐	야키토리焼鳥
	116	중화·양식 야요이中華·洋食 やよい	주카·요쇼쿠 야요이	가쓰돈かつ丼
	61	키친 다이쇼켄キッチン大正軒		멘치카쓰メンチカツ
				햄버그ハンバーグ
				부타쇼가야키豚しょうが焼 (돼지고기 생강구이)
돗토리 鳥取	128	무사시야 식당武蔵屋食堂	무사시야 쇼쿠도	라멘素ラーメン
				규카쓰돈牛カツ丼
미야자키 宮崎	102	오모리우동大盛うどん		니쿠우동肉うどん(고기우동)
미에三重	66	레스토랑 나카쓰켄レストラン 中津軒		메아베아メアベア
사가佐賀	99	주오켄中央軒		가시와우동かしわうどん
사이타마 埼玉	84	고쿠야こくや(古久や)		니쿠쓰유우동肉つゆうどん
시가滋賀	154	오사카야마 가네요 본점 逢坂山 かねよ 本店	오사카야마 가네요 혼텐	긴시돈, 긴시주きんし丼, きんし重 (장어구이와 달걀말이)
시마네島根	96	아라키야荒木屋		와리코소바荒木屋
아오모리 青森	10	스고 식당すごう食堂	스고쇼쿠도	구로이시쓰유아케소바黒石つゆ焼きそば

163

지역	쪽	노포	노포 일본어 독음	대표 메뉴
아이치 愛知	152	마루요 丸よ		벳핀장어구이べっぴんうなぎの蒲焼
	31	마쓰노야松野屋		나메시덴가쿠菜めし田楽
	64	히노데스시 식당日の出寿し食堂	히노데스시쇼쿠도	오늘의 런치日替わりランチ
아키타秋田	112	한조켄 본점繁昌軒 本店	한조켄혼텐	주카소바中華そば
야마나시 山梨	140	우오야스魚保		고슈니기리甲州寿司
에히메愛媛	69	가네토 식당かねと食堂	가네토쇼쿠도	가쓰라이스カツライス
오사카 大阪	32	다코우메たこ梅		간토니関東煮(오뎅)
				다코칸로니たこ甘露煮(문어조림)
	95	아즈마吾妻		사사메우동ささめうどん
	94	우사미테이 마쓰바야うさみ亭マツバヤ		원조 기쓰네우동元祖きつねうどん
	76	제로쿠 혼마치점ゼー六 本町店	제로쿠 혼마치텐	아이스 모나카アイスモナカ
	34	홋쿄쿠세이北極星		오므라이스オムライス
	75	히라오카 커피점平岡珈琲店	히라오카코히텐	냉제커피冷製コーヒー
				수제 도넛自家製ドーナツ
오이타大分	46	레스토랑 도요켄レストラン 東洋軒		도리텐とり天
오카야마 岡山	110	민예찻집 신스이民芸茶屋 新粋	민게이차야 신스이	오뎅おでん
오키나와 沖縄	104	기시모토 식당きしもと食堂	기시모토쇼쿠도	오키나와소바沖縄そば
				주시ジューシー(오키나와 전통 솥밥)
이바라키 茨城	144	호타테 식당保立食堂	호타테쇼쿠도	덴돈天丼
				아라지루あら汁(생선 된장국)
이시카와 石川	63	레스토랑 지유켄レストラン自由軒		오므라이스オムライス
이와테 岩手	11	일본식 레스토랑 쇼치쿠 和風レストラン 松竹	와후레스토랑 쇼치쿠	가쓰돈かつ丼
	80	소바 식당 아즈마야そば処 東家	소바도코로 아즈마야	완코소바わんこそば
지바千葉	55	레스토랑 아케보노レストランあけぼの		오므라이스オムライス
홋카이도 北海道	50	고토켄五島軒		영국식 카레イギリス風カレー
	78	지쿠로엔 아즈마야 총본점 竹老園 東家総本店	지쿠로엔 아즈마야소혼텐	란기리소바卵切りそば(달걀반죽 소바)
				자소바茶そば(말차반죽 소바)
	52	후지모리ふじもり		인디언 카레インデアンカレー
효고兵庫	126	다이칸 본점大貫本店	다이칸혼텐	주카소바中華そば
				야키메시やきめし(볶음밥)
	134	로쇼키老祥記		부타만주豚饅頭(고기만두)
후쿠오카 福岡	70	가도야 식당かどや食堂	가도야쇼쿠도	가쓰돈かつ丼
	100	기타큐슈에키벤토(플랫핏) 北九州駅弁当(ぷらっとぴっと)	기타큐슈에키벤토 (푸랏토핏토)	가시와우동かしわうどん
				오구라의 가시와메시小倉のかしわめし
				하카타 가라아게 도시락博多唐揚げ弁当
	130	후쿠신로福新楼		하카타 사라우동博多皿うどん(쟁반우동)
후쿠이 福井	91	미쓰이야三井屋		오로시소바おろしそば
				이모카케소바いもかけそば
	27	요롯파켄 총본점ヨーロッパ軒総本店	요롯파켄소혼텐	소스 가쓰돈ソースカツ丼
히로시마 広島	68	모리타 식당森田食堂	모리타쇼쿠도	유도후湯豆腐
	37	시골 양식 이세야田舎洋食 いせ屋	이나카요쇼쿠 이세야	이세야 특제 가쓰돈いせ屋特製カツ丼
				해군의 니쿠자가海軍さんの肉じゃが